福建省普通高等教育专升本考试用书

教育理论基础
全真模拟试卷

福建鹿溪教育研究院 ◎ 编

電子工業出版社
Publishing House of Electronics Industry
北京·BEIJING

内 容 简 介

本书紧扣福建省普通高等教育专升本考试大纲，严格按照近年真实考试形式和要求设计题目，全面覆盖了教育理论基础的主要考点和难点。本书共 10 套试卷，每套试卷都包含多种题型，如单项选择题、填空题、简答题、论述题等，旨在全面检验考生的知识掌握程度和应试能力。

本书通过模拟真实的考试环境，旨在帮助考生提前熟悉考试题型和难度，增强应对考试的心理素质。同时，每套试卷都配备了详尽的参考答案和解析，以帮助考生理解和掌握解题技巧，发现自己的不足之处，从而有针对性地进行复习和强化。

本书可作为专升本教学和培训的教材，也可作为考生的备考用书。

未经许可，不得以任何方式复制或抄袭本书之部分或全部内容。
版权所有，侵权必究。

图书在版编目（CIP）数据

教育理论基础全真模拟试卷 / 福建鹿溪教育研究院编. -- 北京：电子工业出版社，2024.7. -- ISBN 978-7-121-49086-6

Ⅰ．G451.1-44

中国国家版本馆 CIP 数据核字第 2024632QH2 号

责任编辑：王英欣
印　　刷：三河市鑫金马印装有限公司
装　　订：三河市鑫金马印装有限公司
出版发行：电子工业出版社
　　　　　北京市海淀区万寿路 173 信箱　　邮编：100036
开　　本：787×1092　1/16　印张：6.5　字数：371.2 千字　插页：64
版　　次：2024 年 7 月第 1 版
印　　次：2024 年 7 月第 1 次印刷
定　　价：48.00 元

凡所购买电子工业出版社图书有缺损问题，请向购买书店调换。若书店售缺，请与本社发行部联系，联系及邮购电话：（010）88254888，88258888。

质量投诉请发邮件至 zlts@phei.com.cn，盗版侵权举报请发邮件至 dbqq@phei.com.cn。

本书咨询联系方式：（010）88254608 或 zhy@phei.com.cn。

前言

随着社会的快速发展和高等教育的普及，越来越多的学生选择通过专升本来提升自己的学历和能力。为了帮助广大专升本考生更好地备考，我们特别推出了《教育理论基础全真模拟试卷》一书。

在本书编写过程中，我们紧密结合福建省普通高等教育专升本考试大纲和历年真题，在研究和分析的基础上，精心开发了10套全真模拟试卷，旨在帮助考生熟悉考试题目，掌握答题技巧，提高应试能力。

同时，我们注重理论与实践相结合，力求使每套试卷都能贴近考试的真实情况和要求。我们还对试卷中的每道题目进行了详细解析，以帮助考生更好地理解题意，掌握解题方法。

此外，本书还特别强调教育理论基础的重要性。我们深知，教育理论基础是普通高等教育专升本考试的重要组成部分，对于提升考生的综合素质和应试能力具有至关重要的作用。因此，我们在书中对教育理论基础的相关内容进行了重点讲解和训练，以帮助考生更好地掌握相关知识和技能。

最后，我们衷心希望本书能够成为广大考生的良师益友，帮助大家顺利通过福建省普通高等教育专升本考试，实现自己的学业目标。同时，我们也欢迎广大考生和读者提出宝贵建议，以便我们不断提高本书的质量和水平。

祝愿大家考试顺利，前程似锦！

福建鹿溪教育研究院

目 录

教育理论基础全真模拟试卷（一）..1

教育理论基础全真模拟试卷（二）..11

教育理论基础全真模拟试卷（三）..21

教育理论基础全真模拟试卷（四）..31

教育理论基础全真模拟试卷（五）..41

教育理论基础全真模拟试卷（六）..51

教育理论基础全真模拟试卷（七）..61

教育理论基础全真模拟试卷（八）..71

教育理论基础全真模拟试卷（九）..81

教育理论基础全真模拟试卷（十）..91

教育理论基础

全真模拟试卷（一）

一、单项选择题（每小题2分，共60分）

1. 西周教育制度中，特别注重德行培养，以为造就有德行和懂军事的未来统治者打下基础的是（   ）。

     A．学在官府　　　　　　　　　　B．小学

     C．大学　　　　　　　　　　　　D．乡学

2. 魏晋南北朝时期流行的思潮是（   ）。

     A．佛学　　　　　　　　　　　　B．文学

     C．玄学　　　　　　　　　　　　D．史学

3. 官宦和殷实人家延聘教师在家中教授子弟，这种私塾类型被称为（   ）。

     A．家塾　　　　　　　　　　　　B．学馆

     C．义塾　　　　　　　　　　　　D．村学

4. 人类关于教育起源的最古老的观点是（   ）。

     A．神话起源说　　　　　　　　　B．生物起源说

     C．心理起源说　　　　　　　　　D．劳动起源说

5. 中国近代职业教育的创始人和理论家是（　　）。

　　A．蔡元培　　　　　　　　　　　　B．黄炎培

　　C．晏阳初　　　　　　　　　　　　D．陶行知

6. "大猫教小猫捕鼠，大鸭教小鸭游水"，体现的是（　　）。

　　A．教育的生物起源说　　　　　　　B．教育的心理起源说

　　C．教育的劳动起源说　　　　　　　D．教育的需要起源说

7. 教育学开始成为一门独立学科的标志，被认为是近代第一本教育学著作的是（　　）。

　　A．《人是教育的对象》　　　　　　B．《大教学论》

　　C．《母育学校》　　　　　　　　　D．《世界图解》

8. 学校教育体现了教育社会属性的（　　）。

　　A．永恒性　　　　　　　　　　　　B．历史性

　　C．质的规定性　　　　　　　　　　D．历史继承性

9. 在图书馆、博物馆进行读书或参观、考察等活动属于（　　）。

　　A．非正规教育　　　　　　　　　　B．非正式教育

　　C．正式教育　　　　　　　　　　　D．正规教育

10. 教育的最终目标是（　　）。

　　A．教育为谁培养人　　　　　　　　B．教育怎么培养人

　　C．教育培养什么样的人　　　　　　D．教育为谁服务

11. 《中华人民共和国义务教育法》颁布的时间是（　　）。

　　A．1984年　　　　　　　　　　　　B．1985年

　　C．1986年　　　　　　　　　　　　D．1987年

12. 马卡连柯说："尽可能多地要求一个人，尽可能多地尊重一个人。"这句话体现了德育的（　　）。

　　A．尊重信任学生与严格要求学生相结合的原则

　　B．教育影响的一致性和连贯性原则

C．发扬积极因素、克服消极因素原则

D．集体教育与个别教育相结合原则

13．"十年树木，百年树人"体现的是教师劳动的（　　）。

A．复杂性　　　　　　　　　　B．连续性

C．长期性　　　　　　　　　　D．示范性

14．教师的天职是（　　）。

A．爱国守法　　　　　　　　　B．爱岗敬业

C．关爱学生　　　　　　　　　D．教书育人

15．"教师自主设计新的教学方法并实施，校长无权非法干涉"体现的是教师的（　　）。

A．教育教学权　　　　　　　　B．学术研究权

C．指导评价权　　　　　　　　D．报酬待遇权

16．教育行政部门召集专业人士开展的课程评价属于（　　）。

A．决策性评价　　　　　　　　B．研究性评价

C．工作性评价　　　　　　　　D．形成性评价

17．把教学过程分为模仿、讲述、练习3个步骤的教育家是（　　）。

A．昆体良　　　　　　　　　　B．夸美纽斯

C．赫尔巴特　　　　　　　　　D．杜威

18．"学而时习之""温故而知新"体现了教学的（　　）。

A．方向性原则　　　　　　　　B．直观性原则

C．循序渐进原则　　　　　　　D．巩固性原则

19．班级授课制的奠基人是（　　）。

A．斯宾塞　　　　　　　　　　B．涂尔干

C．第斯多惠　　　　　　　　　D．夸美纽斯

20．班主任李老师发现学习委员小明最近成绩退步，上课注意力不集中，课间也很少和同学聊天、玩耍，经常一个人默默地坐在座位上。于是，李老师联系了小明的家长了解

情况。李老师对小明进行了解采用的方法是（　　）。

  A．谈话法   B．材料分析法

  C．调查法   D．测验法

21．在莱比锡大学建立了世界上第一个心理学实验室的是（　　）。

  A．弗洛伊德   B．冯特

  C．韦特海默   D．柯勒

22．生理零点对应的温度是（　　）。

  A．32℃左右   B．35℃左右

  C．38℃左右   D．41℃左右

23．陈果每次从大厅走进地下酒窖时，一开始总感觉什么也看不见。但她只要不摸黑前进，在门口待一会儿，慢慢地眼前的酒坛就隐约可见了。这种现象属于视觉的（　　）。

  A．后像   B．适应

  C．明适应   D．暗适应

24．体育课上学会的武术套路会在头脑中留下一定的痕迹，这种记忆是（　　）。

  A．形象记忆   B．情感记忆

  C．运动记忆   D．逻辑记忆

25．根据马斯洛的需要层次理论，人最基本、最有力量的需要是（　　）。

  A．生理需要   B．安全需要

  C．归属与爱的需要   D．尊重的需要

26．根据班杜拉的自我效能感理论，影响自我效能感的最主要因素是个体的（　　）。

  A．成败经验   B．替代性经验

  C．言语鼓励   D．情绪唤醒

27．当人处于应激状态下时会出现肌肉紧张、血压升高等反应，这是情绪的（　　）。

  A．生理唤醒   B．外部表现

  C．主观体验   D．行为反应

28．下列婴儿依恋类型中，属于积极依恋的是（　　）。

　　A．安全型依恋　　　　　　　　B．回避型依恋

　　C．紧密型依恋　　　　　　　　D．反抗型依恋

29．适合商务会议、宴会的人际距离是（　　）。

　　A．0～0.5米　　　　　　　　　B．0.5～1.25米

　　C．1.25～3.5米　　　　　　　D．3.5米以上

30．下列关于人际沟通的分类中，不正确的是（　　）。

　　A．正式沟通与非正式沟通

　　B．个体沟通与大众沟通

　　C．口头沟通与书面沟通

　　D．向上沟通、向下沟通与平行沟通

二、判断题（每小题2分，共30分）

31．北宋三次兴学的第二次是"熙宁兴学"。（　）

32．世界上最早提出启发式教学的教育家是孔子。（　）

33．在先秦儒家诸子中，荀子是最提倡尊师重教的。（　）

34．清末学部颁布的教育宗旨是"忠君、尊孔、尚公、尚武、尚实"。（　）

35．在古埃及，担任教师职位的多是政府官吏和僧侣。（　）

36．1870年，英国政府颁布《初等教育法》，将发展初等教育视为国家的职责，标志着英国国民教育制度的正式形成。（　）

37．杜威提出了"教育即生活"的思想。（　）

38．德育有法而实施无定法。（　）

39．认知领域的学习最广为人知。（　）

40．班集体等同于班群体。（　）

41．音高是由声波的振幅决定的。（ ）

42．自我意识是人的心理的重要特点，人一出生就有。（ ）

43．成长需要一旦获得满足，其需要强度就会降低。（ ）

44．多元智力理论是加德纳提出的。（ ）

45．在婴儿的认知发展中，最先、最快发展的是感知觉。（ ）

三、填空题（每小题2分，共30分）

46．春秋战国时期，_____的发展是我国教育史、文化史上的一个重要里程碑。

47．_____是中国近代第一个正式颁布的法定学制，也是中国近代新教育制度的开端。

48．20世纪20年代初，各种教学法相继传入。其中，_____和道尔顿制对我国中小学的教学影响最大。

49．在整个根据地和解放区斗争期间，中国共产党始终把_____放在各项教育工作的首位。

50．西方教育史上第一部学前教育专著是_____。

51．体谅模式也被称为_____德育模式。

52．"课程"一词最早出现在我国的_____。

53．人的心理活动可以被划分为个体心理和_____两个方面。

54．颜色混合的规律包括互补法、间色律、_____。

55．人的需要按指向对象可分为物质需要和_____。

56．人类的情绪除了产生生理反应，还有特定的_____。

57．写作能力在_____后才开始衰退。

58．弗洛伊德认为，人类一切行为的最主要的动力是_____。

59．自我意识发展可以分为3个阶段：生理自我、社会自我和_____。

60．布卢姆将学习分成3个领域：认知、情感、_____。

四、名词解释（每小题4分，共20分）

61．三民主义

62．学校教育制度

63．美育

64．课程实施

65．错觉

五、辨析题（每小题20分，共40分）

66．我国古代私学的兴起不利于教育的发展。

67. 感觉与知觉一样，都是人脑对事物个别属性的认识。

六、简答题（每小题 10 分，共 50 分）

68. 简述教育对经济发展的作用。

69. 简述我国现行学制改革和完善的方向。

70．简述教科书编写的原则。

71．简述运用读书指导法的基本要求。

72．简述问题解决教学策略的实施步骤。

七、论述题（共20分）

73．论述教育与政治的关系。

八、材料分析题（共50分）

74. 材料一：夸美纽斯曾经写道："教师是自然的仆人，不是自然的主人。他的使命是培植，不是改变，所以假如他发现了某门学科与某个学生的天性不合，他就不应强迫这个学生去学习这门学科，因为在某一方面缺少的东西多半会由另一方面去补足。假如没有一个学生违背本人的意志，被迫去学习任何学科，我们就不会遇到产生厌恶和智力受到抑制的情形了，每个人都会顺着自身自然的倾向去发展。"

材料二：卢梭在其著作《爱弥儿》中写道："每个人的心灵都有它自己的形式，你必须按它的形式去指导他；必须通过它的形式，而不能通过其他形式去教育他，只有这样才能使你对他花费的苦心取得成效。谨慎的人啊，对大自然多多地探索吧，你必须好好地了解你的学生之后，才能对他说第一句话，先让他性格的种子自由自在地表现出来，不要对他有任何束缚，以便全面地、详细地去观察他。"

问题

（1）这两段材料表达的教学思想是什么？

（2）如何看待并在教学实践中运用这种教学思想？

教育理论基础

全真模拟试卷（二）

一、单项选择题（每小题2分，共60分）

1. 西周教育制度中，平民中极个别的优秀青年须经严格的推荐考核程序才能进入的是（ ）。

   A. 学在官府　　　　　　　　　　B. 小学

   C. 大学　　　　　　　　　　　　D. 乡学

2. "天子失官，学在四夷"发生于（ ）。

   A. 春秋时期　　　　　　　　　　B. 战国时期

   C. 唐宋时期　　　　　　　　　　D. 明清时期

3. 由私人或社会团体创办、具有公益性质的私塾被称为（ ）。

   A. 家塾　　　　　　　　　　　　B. 学馆

   C. 义塾　　　　　　　　　　　　D. 村学

4. 中国近代第一所实施班级授课制的官办新式学堂是（ ）。

   A. 京师同文馆　　　　　　　　　B. 湖南时务学堂

   C. 福建船政学堂　　　　　　　　D. 上海广方言馆

5. 提出"兵战不如商战，商战不如学战"思想的是（   ）。

   A．早期改良派　　　　　　　　　B．维新派

   C．洋务派　　　　　　　　　　　D．革命派

6. 苏格拉底倡导的教育目的是（   ）。

   A．培养和造就哲学家

   B．追求美德

   C．培养具有良好修养的雄辩家

   D．培养通晓专业政治知识、掌握政治技能、具备高尚品德的政治家

7. 被誉为"世界平民教育运动之父"的是（   ）。

   A．蔡元培　　　　　　　　　　　B．黄炎培

   C．晏阳初　　　　　　　　　　　D．陶行知

8. 西方教育史上第一部学前教育专著是（   ）。

   A．《人是教育的对象》　　　　　B．《大教学论》

   C．《母育学校》　　　　　　　　D．《世界图解》

9. 《三字经》、古诗词等优秀传统文化的传承体现的是（   ）。

   A．永恒性　　　　　　　　　　　B．历史性

   C．质的规定性　　　　　　　　　D．历史继承性

10. 新中国成立以来，随着生产力的发展和社会的进步，我国的教育目标发生了多次变化，这说明教育目标的设定受（   ）。

    A．文化传统的制约

    B．马克思主义对人的全面发展理论的影响

    C．社会生产力的制约

    D．外国教育目的的影响

11. "虎父无犬子"体现了影响个体身心发展的因素是（   ）。

    A．遗传　　　　　　　　　　　　B．环境

    C．教育　　　　　　　　　　　　D．个体主观能动性

12. 中国近代第一个以中央政府名义制定的学制是（　　）。

   A. 壬寅学制　　　　　　　　　　B. 癸卯学制

   C. 壬子癸丑学制　　　　　　　　D. 壬戌学制

13. 许多教师常在深夜进行备课、批改作业，体现的是教师劳动的（　　）。

   A. 复杂性　　　　　　　　　　　B. 连续性

   C. 间接性　　　　　　　　　　　D. 示范性

14. 教师职业的本质要求是（　　）。

   A. 爱国守法　　　　　　　　　　B. 爱岗敬业

   C. 关爱学生　　　　　　　　　　D. 教书育人

15. 教师的最基本权利是（　　）。

   A. 教育教学权　　　　　　　　　B. 学术研究权

   C. 指导评价权　　　　　　　　　D. 报酬待遇权

16. 学校建筑、教室布置、校园环境通常会潜移默化地影响学生，这体现了（　　）的重要性。

   A. 观念性隐性课程　　　　　　　B. 制度性隐性课程

   C. 心理性隐性课程　　　　　　　D. 物质性隐性课程

17. 教师组织学生对所授课程开展的课程评价属于（　　）。

   A. 决策性评价　　　　　　　　　B. 研究性评价

   C. 工作性评价　　　　　　　　　D. 形成性评价

18. 把教学过程分为感觉、记忆、理解、判断4个步骤的教育家是（　　）。

   A. 昆体良　　　　　　　　　　　B. 夸美纽斯

   C. 赫尔巴特　　　　　　　　　　D. 杜威

19. 学校教育基层组织单位是（　　）。

   A. 班级　　　　　　　　　　　　B. 少先队

   C. 小组　　　　　　　　　　　　D. 年级

20．被称为现代心理学的第三势力的是（　　）。

　　A．格式塔心理学派　　　　　　　　B．精神分析学派

　　C．认知心理学派　　　　　　　　　D．人本主义心理学派

21．温度觉不包括（　　）。

　　A．冷觉　　　　　　　　　　　　　B．温觉

　　C．热觉　　　　　　　　　　　　　D．烫觉

22．6岁的文文在暑假学习了英语26个字母的发音。9月当上一年级语文课时，文文却把汉语拼音字母a读成了英语字母A。其产生这种干扰的原因是（　　）。

　　A．前摄抑制　　　　　　　　　　　B．倒摄抑制

　　C．记忆重构　　　　　　　　　　　D．记忆恢复

23．乒乓球运动员一边运球一边行进，属于（　　）。

　　A．动作思维　　　　　　　　　　　B．形象思维

　　C．抽象思维　　　　　　　　　　　D．非形式逻辑思维

24．一个5岁的儿童向怀抱里的布娃娃讲妈妈曾给她讲过的故事，这种言语活动属于（　　）。

　　A．对话言语　　　　　　　　　　　B．独白言语

　　C．语言获得　　　　　　　　　　　D．言语理解

25．人在遇到危险时，一般会呼救寻求帮助，这体现了情绪的（　　）。

　　A．社会功能　　　　　　　　　　　B．组织功能

　　C．动机功能　　　　　　　　　　　D．适应功能

26．下列中，与其他智力测验不属于同一类型的是（　　）。

　　A．瑞文智力测验　　　　　　　　　B．比奈-西蒙量表

　　C．斯坦福-比奈量表　　　　　　　　D．韦克斯勒智力量表

27．根据埃里克森人格发展阶段理论，儿童早期（1.5～3岁）发展面临的主要冲突是（　　）。

　　A．信任对不信任　　　　　　　　　B．自主对羞愧、怀疑

　　C．主动对内疚　　　　　　　　　　D．勤奋对自卑

28. 主张学生最主要的学习方式是接受学习的心理学家是（   ）。

   A．格式塔				B．托尔曼

   C．布鲁纳				D．奥苏贝尔

29. 下列关于人际沟通的特点中，描述正确的是（   ）。

   A．人际沟通会影响对方的思想和行为

   B．人际沟通就是一种简单的信息传输过程

   C．人际沟通有时可以不受情境因素的制约

   D．在人际沟通过程中，只有信息的发出者是积极的主体

30. 王老师的英语课设置了英语原声电影赏析，如反映容貌焦虑的《超大号美女》，因此颇受同学们欢迎。王老师运用的心理辅导方法是（   ）。

   A．个别辅导

   B．团体辅导

   C．在学科课程教育中渗透心理辅导

   D．将心理辅导融入班级、团队活动中

二、判断题（每小题2分，共30分）

31．私学发端于战国中期。   （   ）

32．中国古代，国子监为中央政府教育行政管理机构，同时也是国家最高学府，兼有教育管理和人才培养两个方面的职能。   （   ）

33．三民主义指的是民族主义、民权主义、民生主义。   （   ）

34．英国教育家斯宾塞的教育代表作是《教育漫话》。   （   ）

35．乌申斯基是俄罗斯国民学校和教育科学的奠基人。   （   ）

36．非正规教育旨在为成年人、青年文盲、失学儿童等提供全面的教育。   （   ）

37．我国现行学制是从单轨学制发展而来的分支型学制。   （   ）

38. 我国劳动技术教育的内容可概括为生产劳动与技术、家政与家务劳动、公益性劳动。（　　）

39. 教师专业标准的基本内容包括专业理念与师德、专业知识和专业能力3个维度。（　　）

40. "课程"一词最早出现在我国唐代。（　　）

41. 临床心理学是指对心理障碍和心理异常进行评估和诊断，以心理学的原理来治疗心理障碍和心理异常。（　　）

42. 基本的味觉有酸、甜、苦、辣、咸。（　　）

43. 学习目标应该是学生可接受的，教师要尽可能地让学生自己制定目标。（　　）

44. 智力发展关键年龄出现的早晚，取决于教育条件的好坏。（　　）

45. 通过9个维度的评估，我们可以把婴儿的气质分为容易型、困难型和迟缓型3类。（　　）

三、填空题（每小题2分，共30分）

46. "六艺"教育的核心是_____。

47. 曹魏在教育制度方面的新创是_____。

48. 世界上最早提出启发式教学的教育家是_____。

49. 中国近代第一个颁布并实施的法定学制是_____。

50. 在西方教育史上，第一位把心理学作为一门独立的学科加以研究，并努力把它建成一门科学的思想家是_____。

51. _____是一种专业的培训，由经验丰富的专家和教师来指导和实施。

52. _____是义务教育贯穿始终的一个理念。

53. _____是专门职业对从业人员的整体要求。

54. _____是指教师对学生的基本看法。

55. 教师在履行教育义务的活动中，最主要、最基本的道德责任是_____两个方面。

56. _____是教育活动的核心元素。

57. 我国伟大的教育家孔子曾提出"学、思、____、行"4个阶段的教学过程。

58. 1913年，美国心理学家约翰·华生出版的_____标志着一种新的思想形式的诞生。

59. 我们到底可以听到什么声音，主要依据听觉的音高、响度和_____3个特性。

60. 语言是一种符号系统，是人们沟通的手段；而言语则是个体复杂的_____。

四、名词解释（每小题4分，共20分）

61. 教育的需要起源说

62. 教育制度

63. 教师

64. 课程评价

65. 思维

五、辨析题（每小题20分，共40分）

66．我国古代书院的主要功能就是藏书。

67．根据马斯洛的需要层次理论，较低层次的需要会因为较高层次的需要的发展而消失。

六、简答题（每小题10分，共50分）

68．简述教育与科技的关系。

69．简述世界范围内学制改革的趋势。

70．简述我国学校体育的总目标。

71．简述心理学的研究方法。

72．简述学校心理辅导的原则。

七、论述题（共 20 分）

73．论述上好一堂课的标准。

八、材料分析题（共 50 分）

74．材料一：一个小女孩对豆芽产生了兴趣，于是就提出让妈妈种豆芽的要求。面对女儿的要求，妈妈鼓励地说："我们来试试吧！"虽然一次次失败，但是在女儿面前，妈妈总是一副信心十足的样子，并说道："我们再试试吧！"多年后，这个小女孩出色地完成了学业，目前在瑞典从事研究工作，她回忆说："妈妈那句'我们来试试吧'就像神奇的肥料，养育着我的好奇心，让其枝繁叶茂。"

材料二：广告《凤梨》讲述的是泰国一对相依为命的母女，以卖现切水果为生。一天放学后，小女孩在自家水果摊前，望着同学们围着冰棒摊，人手一支地吃着，很是羡慕。一旁的妈妈看在眼里，却没有说什么。夜里，妈妈看着熟睡的女儿，突发奇想，她把凤梨切成冰棒的样子，放入冰桶中。第二天，等小女孩一放学，妈妈就把自制的冰棒拿给女儿，女儿开心地吃着妈妈自制的冰棒说："也许可以拿来卖。"

说完，小女孩便抱着装着冰棒的冰桶，来到街上叫卖，可一支也没有卖出去。妈妈鼓励她到市场去看看，观察叔叔阿姨们怎么做生意。

最后，凤梨冰棒热销，单车的铃声一响，小客人们便蜂拥而上，小女孩的妈妈欣慰地看着。

问题

（1）两段材料反映了什么教育问题？

（2）谈谈新课程改革下教师的作用。

教育理论基础

全真模拟试卷（三）

一、单项选择题（每小题2分，共60分）

1. 西周教育制度中，要求与国学接通的是（　　）。
   A. 学在官府　　　　　　　　B. 小学
   C. 大学　　　　　　　　　　D. 乡学

2. 我国古代（　　）的私学规模最大。
   A. 孔子　　　　　　　　　　B. 孟子
   C. 老子　　　　　　　　　　D. 庄子

3. 下列古代考试程序中产生举人的是（　　）。
   A. 院试　　　　　　　　　　B. 乡试
   C. 会试　　　　　　　　　　D. 殿试

4. 下列私塾类型中，村民联合聘请老师教授子弟的是（　　）。
   A. 家塾　　　　　　　　　　B. 学馆
   C. 义塾　　　　　　　　　　D. 村学

5. 下列学派中，主张"弃圣绝智"的是（　　）。
   A. 儒家　　　　　　　　　　B. 墨家
   C. 道家　　　　　　　　　　D. 法家

6. 中国现代新儒家的早期代表人物之一,有"中国最后一位儒家"之称的是（   ）。

   A．蔡元培　　　　　　　　　　　　B．黄炎培

   C．梁漱溟　　　　　　　　　　　　D．陶行知

7. 下列古代教育中,最早形成体育、德育、智育、美育和谐发展的是（   ）。

   A．斯巴达教育　　　　　　　　　　B．古代雅典教育

   C．荷马时代教育　　　　　　　　　D．古罗马教育

8. 把启发式谈话称为"助产术"的是（   ）。

   A．凯洛夫　　　　　　　　　　　　B．赫尔巴特

   C．苏格拉底　　　　　　　　　　　D．蒙台梭利

9. 经济发展、教育先行体现的是（   ）。

   A．历史性　　　　　　　　　　　　B．质的规定性

   C．历史继承性　　　　　　　　　　D．不平衡性

10. 格塞尔的同卵双生子爬梯实验证明对个体身心发展起制约作用的是（   ）。

    A．遗传　　　　　　　　　　　　　B．成熟

    C．环境　　　　　　　　　　　　　D．教育

11. 中国近代由政府颁布并首次得到施行的学制是（   ）。

    A．壬寅学制　　　　　　　　　　　B．癸卯学制

    C．壬子癸丑学制　　　　　　　　　D．壬戌学制

12. 随着我国高中教育的大众化、普及化,普通高中的性质发生了改变,在教育任务上兼顾（   ）。

    A．普通教育与职业教育　　　　　　B．普通教育与基础教育

    C．升学预备教育与就业预备教育　　D．普通教育与预备教育

13. 苏霍姆林斯基说过:"教育的效果取决于学校和家庭的教育影响的一致性。"这句话体现了德育的（   ）。

    A．尊重信任学生与严格要求学生相结合的原则

B．教育影响的一致性和连贯性原则

C．发扬积极因素、克服消极因素原则

D．集体教育与个别教育相结合原则

14．"染于苍则苍，染于黄则黄"，体现的是学生的（　　）。

　　A．向师性　　　　　　　　　　B．可塑性

　　C．依赖性　　　　　　　　　　D．接受性

15．王老师在完成教学工作之余，积极参加学术会议，讨论研究教育一线问题。这体现的是教师的（　　）。

　　A．教育教学权　　　　　　　　B．学术研究权

　　C．指导评价权　　　　　　　　D．报酬待遇权

16．《基础教育课程改革纲要（试行）》颁布于（　　）。

　　A．2000年　　　　　　　　　　B．2001年

　　C．2002年　　　　　　　　　　D．2003年

17．课程理论工作者为了实施或改进新课程而对现行课程所进行的评价属于（　　）。

　　A．决策性评价　　　　　　　　B．研究性评价

　　C．工作性评价　　　　　　　　D．形成性评价

18．下列教育家中，把教学过程分为明了、联想、系统、方法4个步骤的是（　　）。

　　A．昆体良　　　　　　　　　　B．夸美纽斯

　　C．赫尔巴特　　　　　　　　　D．杜威

19．《学记》中的"不陵节而施""杂施而不孙，则坏乱而不修"体现了教学的（　　）。

　　A．方向性原则　　　　　　　　B．直观性原则

　　C．循序渐进原则　　　　　　　D．巩固性原则

20．学校教育教学工作中提高学生学习质量的动力和手段是（　　）。

　　A．备课　　　　　　　　　　　B．上课

　　C．提问　　　　　　　　　　　D．评定学生学业成绩

21. 真正揭秘心理的功能器官——脑的秘密的是（   ）。

   A．机能主义　　　　　　　　　　B．精神分析

   C．认知心理学　　　　　　　　　D．人本主义心理学

22. 探索个体如何在群体环境中发挥作用，以及这种作用如何影响他们的行为，如何通过自我调节和适应来应对这种影响属于（   ）。

   A．基础心理学　　　　　　　　　B．实验心理学

   C．发展心理学　　　　　　　　　D．社会心理学

23. 冬天用冷水洗衣服，乍洗很凉，过一段时间感觉不那么凉了，这种现象叫（   ）。

   A．感觉适应　　　　　　　　　　B．感觉对比

   C．感觉补偿　　　　　　　　　　D．感觉的相互影响

24. 一时不能重现和再认记住的材料，但在适宜条件下可以恢复的是（   ）。

   A．永久性遗忘　　　　　　　　　B．完全遗忘

   C．暂时性遗忘　　　　　　　　　D．片刻遗忘

25. "一题多解""给故事续上不同的结尾"等练习可以训练学生的（   ）。

   A．集中思维　　　　　　　　　　B．分散思维

   C．直接思维　　　　　　　　　　D．逻辑思维

26. 下列心理学家中，提出"习得性无助"的是（   ）。

   A．弗鲁姆　　　　　　　　　　　B．海德

   C．塞利格曼　　　　　　　　　　D．班杜拉

27. 人们对客观事物的态度、体验及相应的行为反应是（   ）。

   A．需要　　　　　　　　　　　　B．认知

   C．情绪　　　　　　　　　　　　D．动机

28. 弗洛伊德的人格理论中，遵循"现实原则"的是（   ）。

   A．本我　　　　　　　　　　　　B．自我

   C．超我　　　　　　　　　　　　D．无我

29. 以下教学活动中,没有使用支架式教学的是( )。

   A. 教师给学生做直接示范

   B. 同学帮忙讲解应用题

   C. 计算机提示学生如何解题

   D. 教师告诉学生,化学很难学

30. 适合恋人之间的人际距离是( )。

   A. 0~0.5米   B. 0.5~1.25米

   C. 1.25~3.5米 D. 3.5米以上

二、判断题（每小题2分，共30分）

31. 隋炀帝始建"进士科"，这是科举制度确立的标志。　　　　　　　　　（　　）

32. "己所不欲，勿施于人；行有不得，反求诸己"是朱熹和白鹿洞书院的标志性成果。
　　　　　　　　　　　　　　　　　　　　　　　　　　　　　　　　　（　　）

33. 春秋末期与儒家并称"显学"的是墨家。　　　　　　　　　　　　　　（　　）

34. 留法勤工俭学运动萌发于1912年蔡元培等人在北京发起的留英俭学会。（　　）

35. 在巴比伦文明时期，高级寺庙学校只教授读写。　　　　　　　　　　（　　）

36. 德意志帝国时期的德国教育是典型的"三轨制"，形成了国民学校、中间学校和文科中学3种学校，等级性和阶级性明显。　　　　　　　　　　　　　　　　（　　）

37. 根据卡特尔流体智力与晶体智力理论，晶体智力随着年龄增长而降低。（　　）

38. 义务教育的发展水平已逐渐成为衡量一个国家文明程度的标志之一。　（　　）

39. 价值澄清模式中常使用的方法包括澄清应答法和价值单法。　　　　　（　　）

40. 师生关系是学校中最重要、最基本的人际关系。　　　　　　　　　　（　　）

41. 《中华人民共和国教育法》的颁布标志着我国开始进入全面依法治教的新时期。
　　　　　　　　　　　　　　　　　　　　　　　　　　　　　　　　　（　　）

42. 学习间接经验往往不需要建立在已有的直接经验的基础之上。　　　　（　　）

43．班级活动是班主任向学生进行政治、思想、道德、心理教育的基本形式。
（　　）

44．个体根据一定的审美标准评价事物时产生的情感体验被称为美感。（　　）

45．双向沟通比单向沟通更能准确、高效、有序地传递信息。（　　）

三、填空题（每小题2分，共30分）

46．"六艺"教育大致可以分成3组，即礼乐、射御、_____。

47．1917年，中国成立了第一个研究、推广职业教育的机构——_____。

48．杨贤江的_____是指对青年进行全面的关心、教育和引导。

49．_____是意大利人文主义者，也是第一位系统阐述人文主义教育思想的教育家。

50．世界上第一位杰出的女性学前教育家是_____。

51．_____是衡量、评价教育实施效果的根本依据和标准。

52．教师应具备的专业知识包括本体性知识、条件性知识、_____。

53．_____注重学生基础能力的培养，是中小学课程最主要的部分。

54．感觉出最小刺激量的能力就是_____。

55．言语的理解中，_____是最基础的水平。

56．_____是个体追求成就的稳定特质。

57．_____是情绪的核心成分。

58．根据卡特尔智力理论，增长态势能一直保持至老年的智力类型是_____。

59．行为发生之后给予厌恶刺激，降低行为出现的可能性，属于_____。

60．根据成熟势力说，促进个体心理发展的关键因素是_____。

四、名词解释（每小题4分，共20分）

61．教育

62．双轨学制

63．课程

64．教学过程

65．动机

五、辨析题（每小题20分，共40分）

66．隋唐的文教政策是独尊儒学。

67．动机与行为效果是正相关关系。

六、简答题（每小题10分，共50分）

68．简述个体身心发展的一般规律。

69．简述教育目的的制约因素。

70．简述我国学校德育的任务。

71．简述知觉的特性。

72．简述印象形成的主要心理效应。

七、论述题（共20分）

73．论述教学组织形式。

八、材料分析题（共50分）

74．莫振高，学生口中的"莫爸爸""校长爸爸"，是广西都安高中的原校长。都安，这个大山里的瑶乡，生活着众多因贫困上不起学的孩子。于是，莫振高将"让瑶乡儿女走向世界"作为自己的座右铭，任教十多年来跑遍每一位贫困生的家，将了解的情况一一记录在册，并用自己微薄的工资资助了近300名学生，圆了他们的大学梦，然而，自己的工资毕竟只是杯水车薪。面对数量众多的贫困生，这位从未向别人伸手的"莫爸爸"走上了"化缘"之路。他利用休息时间到全国各地的机关、企事业单位，做演讲，做动员，只为通过社会力量帮助更多的瑶乡儿女走出大山。就这样，莫振高一共筹集了3 000多万元善款，让1.8万名贫困学子圆了大学梦。因积劳成疾，莫振高于2015年3月9日突发心脏病去世。

"莫爸爸"的"化缘"之路改变了数万名贫困学子的命运。2015年度《感动中国》人物莫振高的颁奖词是:千万里,他们从天南地北回来为你送行。你走了,你没有离开。教书、家访、化缘,埋头苦干,你是不灭的蜡烛,是不倒的脊梁。那一夜,孩子们熄灭了校园所有的灯,而你在天上熠熠闪亮。

问题

你认为优秀教师应该具备怎样的素质,请结合材料加以分析。

教育理论基础

全真模拟试卷（四）

一、单项选择题（每小题2分，共60分）

1. 西周教育制度中，一切文化教育事业均为贵族所占有、享受和管理的是（　　）。
   A. 学在官府　　　　　　　　B. 小学
   C. 大学　　　　　　　　　　D. 乡学

2. 下列属于道德训诫类教材的是（　　）。
   A.《三字经》　　　　　　　　B.《蒙求》
   C.《少仪外传》　　　　　　　D.《幼学琼林》

3. 下列中，主张"以法为教"的是（　　）。
   A. 儒家　　　　　　　　　　B. 墨家
   C. 道家　　　　　　　　　　D. 法家

4. 在古巴比伦时期，奴隶被排除在学校教育的大门之外，这体现了教育的（　　）。
   A. 等级性　　　　　　　　　B. 专制性
   C. 阶级性　　　　　　　　　D. 原始性

5. 不属于希腊三贤的是（　　）。
   A. 苏格拉底　　　　　　　　B. 柏拉图
   C. 亚里士多德　　　　　　　D. 西塞罗

6. 西方历史上第一部依据直观原则编写的对幼儿进行启蒙教育的看图识字的课本是（　　）。

  A．《人是教育的对象》　　　　　　　B．《大教学论》

  C．《母育学校》　　　　　　　　　　D．《世界图解》

7. 教育与其他事物有着显著的不同之处，这一点可以从（　　）中得出。

  A．教育是传递生活经验的活动

  B．教育是一种旨在培养人的社会实践活动

  C．教育是传递科学文化知识的活动

  D．教育是一种培养人才的活动

8. 非正规教育的教育对象不包括（　　）。

  A．学校学生　　　　　　　　　　　　B．成年人

  C．青年文盲　　　　　　　　　　　　D．失学儿童

9. "近朱者赤，近墨者黑"强调了影响个体身心发展的因素是（　　）。

  A．教育　　　　　　　　　　　　　　B．遗传

  C．环境　　　　　　　　　　　　　　D．主观能动性

10. 民国的第一个学制是（　　）。

  A．壬寅学制　　　　　　　　　　　　B．癸卯学制

  C．壬子癸丑学制　　　　　　　　　　D．壬戌学制

11. 《礼记》有言：教者也，长善而救其失者也。这体现了德育的（　　）。

  A．尊重信任学生与严格要求学生相结合的原则

  B．教育影响的一致性和连贯性原则

  C．发扬积极因素、克服消极因素原则

  D．集体教育与个别教育相结合原则

12. 教师需要"一把钥匙开一把锁""教学有法，但无定法，贵在得法"，还需要"教育机智"，体现了教师劳动的（　　）。

  A．创造性　　　　　　　　　　　　　B．连续性

  C．长期性　　　　　　　　　　　　　D．主体性

13. 教师职业的基本要求是（　　）。

    A. 爱国守法　　　　　　　　　　B. 爱岗敬业

    C. 关爱学生　　　　　　　　　　D. 教书育人

14. 美术老师对学生的作品进行打分，评选出优秀作品。这体现了教师的（　　）。

    A. 教育教学权　　　　　　　　　B. 学术研究权

    C. 指导评价权　　　　　　　　　D. 报酬待遇权

15. 按照课程类型，目前我国中小学开设的"语文""数学"属于（　　）。

    A. 学科课程　　　　　　　　　　B. 活动课程

    C. 综合课程　　　　　　　　　　D. 选修课程

16. 新课程必须谋求所有适龄儿童平等享受高质量的基础教育，体现了新课程改革的（　　）。

    A. 教育公平　　　　　　　　　　B. 国际理解

    C. 回归生活世界　　　　　　　　D. 个性发展

17. 中国最早提出教学过程阶段论，对中国古代教学具有重大影响的是（　　）。

    A. 孔子　　　　　　　　　　　　B. 孟子

    C. 庄子　　　　　　　　　　　　D. 老子

18. 古希腊哲学家苏格拉底的"助产术"式的教学方法属于（　　）。

    A. 讲授法　　　　　　　　　　　B. 谈话法

    C. 讨论法　　　　　　　　　　　D. 演示法

19. 最早使用"班级"一词的是（　　）。

    A. 伊拉斯谟　　　　　　　　　　B. 夸美纽斯

    C. 赫尔巴特　　　　　　　　　　D. 杜威

20. 研究心理现象产生和发展的一般规律，是科学心理学的基础学科的是（　　）。

    A. 认知心理学　　　　　　　　　B. 生理心理学

    C. 普通心理学　　　　　　　　　D. 人格心理学

21. 被称作"生命中枢"的是（　　）。

    A. 大脑
    B. 小脑
    C. 脑干
    D. 间脑

22. 尖锐的声音往往能让人起鸡皮疙瘩，产生冷的感受，这是（　　）。

    A. 感觉适应
    B. 联觉
    C. 感觉融合
    D. 感觉对比

23. 野战部队身穿迷彩服以达到与周围背景相混淆的效果，这是利用了知觉的（　　）。

    A. 整体性
    B. 选择性
    C. 理解性
    D. 恒常性

24. 根据艾宾浩斯遗忘曲线规律，遗忘进程最快的是（　　）。

    A. 第1天
    B. 第2天
    C. 第3天
    D. 第4天

25. 下列不属于人的基本需要的是（　　）。

    A. 安全需要
    B. 归属与爱的需要
    C. 尊重的需要
    D. 求知的需要

26. 在过度紧张情景下，可能引起个体焦虑、恐惧、担心的情绪，这体现了情绪的（　　）。

    A. 社会功能
    B. 组织功能
    C. 动机功能
    D. 适应功能

27. 下列受遗传因素影响较大的是（　　）。

    A. 阅读理解
    B. 反应速度
    C. 普通常识
    D. 词汇测验

28. 根据弗洛伊德的精神分析理论，人格中最基本的部分是（　　）。

    A. 本我
    B. 自我
    C. 超我
    D. 无我

29. 用老鼠走迷宫的系列实验证实了学习的实质是获得期望，形成认知地图，对完形的认知的心理学家是（   ）。

    A．格式塔　　　　　　　　　　B．托尔曼

    C．奥苏贝尔　　　　　　　　　D．加涅

30. 朋友之间产生了摩擦和争执，变成了死对头，先前所有的美好交际互动一笔勾销，属于（   ）。

    A．首因效应　　　　　　　　　B．近因效应

    C．晕轮效应　　　　　　　　　D．投射效应

二、判断题（每小题 2 分，共 30 分）

31．礼乐教育是"六艺"教育的核心。　　　　　　　　　　　　　　　（   ）

32．"心学"的代表人物是王守仁。　　　　　　　　　　　　　　　　（   ）

33．福建船证学堂是第一所洋务学堂，也是我国最早的官办新式学堂。（   ）

34．阿拉伯的文化教育中初等学校主要是"昆它布"，主要教儿童通读《古兰经》。
　　　　　　　　　　　　　　　　　　　　　　　　　　　　　　　（   ）

35．维多利诺主张教育目标是培养绅士。　　　　　　　　　　　　　（   ）

36．是否有权接受教育、接受何种教育均取决于一个社会的政治体制。（   ）

37．实现人的全面发展的唯一途径是教育与生产劳动相结合。　　　　（   ）

38．当一个国家适龄青年中接受高等教育的比率在 15% 以下时，属于精英高等教育阶段。
　　　　　　　　　　　　　　　　　　　　　　　　　　　　　　　（   ）

39．认知模式是由美国心理学家柯尔伯格在其主张的道德发展理论中提出的。
　　　　　　　　　　　　　　　　　　　　　　　　　　　　　　　（   ）

40．发展学生的心智能力或理性思维能力，一直都是智育的唯一目标，也是当今世界教育十分关心的重大问题。　　　　　　　　　　　　　　　　　　　　　（   ）

41．在整个中国教育法律体系中，《中华人民共和国教育法》具有最高的法律权威。
　　　　　　　　　　　　　　　　　　　　　　　　　　　　　　　（   ）

42. 根据课程制定的层次，课程可分为国家课程、地方课程和学校课程。（   ）

43. 板书是教师的教学基本功之一，在备课时教师就应当认真设计。（   ）

44. 冯特被称为构造主义的先驱。（   ）

45. 操作能力、手眼协调能力等大致从33岁开始衰退。（   ）

三、填空题（每小题2分，共30分）

46. 科举制度确立的标志是隋炀帝始建_____。

47. 清末以来，西方教学法开始传入中国，最为流行的是赫尔巴特的_____。

48. 古巴比伦学校教育的教学方法较为简单，主要是_____。

49. 亚里士多德是古希腊百科全书式的哲学家，代表作是_____。

50. 在德意志帝国时期的德国教育中，地位最高的学校是_____。

51. 教育的基本要素常分为4种，分别是教育者、受教育者、教育内容和_____。

52. 教师的专业技能包括教师的教学技巧和_____两个方面。

53. 师表美包括表美、道美和_____。

54. 美国结构主义课程专家施瓦布认为，课程组织的四大要素是学习者、教师、教材和_____。

55. 目前运用最广泛、最普遍的一种教学方法是_____。

56. 班级开始出现"小团体"，同时在班主任周围涌现出一批积极分子团队，成为班级的核心力量。这说明班集体发展到了_____。

57. 构造主义的方法主要是_____。

58. 在视觉中产生的感觉后效又叫作_____。

59. 需要是有机体内部的一种_____。

60. _____比单向沟通更有利于建立良好的人际关系。

四、名词解释（每小题4分，共20分）

61．教育者

62．单轨学制

63．学科课程

64．教学原则

65．学习风格

五、辨析题（每小题20分，共40分）

66．魏晋南北朝时期我国古代教育没有新发展。

67．情绪与情感都是人类所独有的。

六、简答题（每小题10分，共50分）

68．简述蔡元培的教育独立思想理论。

69．简述教育的个体个性化功能。

70. 简述人的全面发展的现实意义。

71. 简述我国小学阶段德育的培养目标。

72. 简述学校心理辅导的主要方式和途径。

七、论述题（共20分）

73. 论述心理学流派的发展。

八、材料分析题（共50分）

74. 从教20余年来，洪老师的很多事迹让学生终生难忘。有一次，学生们刚开始上课，外面突然大雨倾盆，班上3名学生晒在宿舍外面的被褥不幸被淋湿了，放学后，洪老师就让他们晚上住在自己家里，还给他们做饭吃。一名学生从几十里外的山区乘汽车来校时，生活费被偷，洪老师除了与有关部门协调，还自己掏钱替学生垫付伙食费。还有一次，几个不良青年在学校附近拿刀威逼学生，索要学生钱财，她奋不顾身地保护学生，而后还积极向有关部门反映，净化校园周边环境，同时向学生讲解进行自我保护的方法。有一年春季刚开学，一位老人把她的孙女小芳领到洪老师的面前，说："小芳以前一直都跟着外出打工的父母，转了几次学，学习成绩不好，希望老师多费心。"洪老师说："小芳是我的学生，我会尽心去教的。只要她肯努力，踏实学，认真做事，就是好学生。"在洪老师有针对性的帮助和指导下，小芳进步很快，并以优异成绩考上了高中。此外，洪老师很注重对自己的教育教学成败进行反思总结，她的教育随笔《我的表扬会成为学生的压力》《如何让文言文不再枯燥难学》《如何让学生在青春期不恐慌》《班主任怎样才能赢得科任教师的支持》相继获奖，大家都称她是名副其实的好老师。

问题

请结合材料，从教师职业道德的角度，评析洪老师的行为。

教育理论基础

全真模拟试卷（五）

一、单项选择题（每小题2分，共60分）

1. 被朱熹称为"为学之序"的"博学之，审问之，慎思之，明辨之"出自（　　）。

   A．《大学》　　　　　　　　　　B．《中庸》

   C．《论衡》　　　　　　　　　　D．《白鹿洞书院揭示》

2. 下列属于以识字为主的综合性教材的是（　　）。

   A．《三字经》　　　　　　　　　B．《蒙求》

   C．《少仪外传》　　　　　　　　D．《幼学琼林》

3. 下列属于儒家学派代表人物的是（　　）。

   A．孔子　　　　　　　　　　　　B．墨翟

   C．韩非　　　　　　　　　　　　D．老子

4. 下列教育思潮中，本质上是一种教育救国论的是（　　）。

   A．工读主义教育思潮　　　　　　B．职业教育思潮

   C．科学教育思潮　　　　　　　　D．国家主义教育思潮

5. 在教育目的上，柏拉图认为最高目标和主要任务是培养（　　）。

   A．政治家　　　　　　　　　　　B．军事家

   C．雄辩家　　　　　　　　　　　D．哲学家

6. 第一位系统阐述人文主义教育思想的教育家是（　　）。

　　A．弗吉里奥　　　　　　　　　　　B．维多利诺

　　C．伊拉斯谟　　　　　　　　　　　D．蒙田

7. "教育"一词在中国最早见于（　　）。

　　A．《孟子》　　　　　　　　　　　B．《论语》

　　C．《荀子》　　　　　　　　　　　D．《说文解字》

8. 从一些案例来看，人们对"兽孩"进行的补救教育收效甚微，这表明人的发展具有（　　）。

　　A．顺序性　　　　　　　　　　　　B．可逆性

　　C．关键期　　　　　　　　　　　　D．模仿期

9. 根据卡特尔流体智力与晶体智力理论，流体智力发展发育最快的是（　　）。

　　A．10 岁以后　　　　　　　　　　B．20 岁以后

　　C．30 岁以后　　　　　　　　　　D．40 岁以后

10. 剥夺了在群众性小学上学的劳动人民子女升入中学和大学的权利的学制是（　　）。

　　A．单轨学制　　　　　　　　　　　B．双轨学制

　　C．分支型学制　　　　　　　　　　D．中间学制

11. 中国近代史上实施时间最长、影响最大的学制是（　　）。

　　A．壬寅学制　　　　　　　　　　　B．癸卯学制

　　C．壬子癸丑学制　　　　　　　　　D．壬戌学制

12. 马卡连柯说："摆在我们面前的始终是一个双重的对象——一个人和一伙人。"这体现了德育的（　　）。

　　A．尊重信任学生与严格要求学生相结合的原则

　　B．教育影响的一致性和连贯性原则

　　C．发扬积极因素、克服消极因素原则

　　D．集体教育与个别教育相结合原则

13．学校在抗战胜利纪念日组织学生参观历史博物馆、走访抗日战士等活动，这些活动体现的德育途径是（　　）。

　　A．教学活动　　　　　　　　　　　B．少先队活动

　　C．情境陶冶　　　　　　　　　　　D．课外、校外活动

14．教师个体专业化发展的起点和基础是（　　）。

　　A．师范教育　　　　　　　　　　　B．入职辅导

　　C．在职培训　　　　　　　　　　　D．教师的自我教育

15．不因教师休产假克扣其工资，并足额按时发放薪资报酬。这体现了教师的（　　）。

　　A．教育教学权　　　　　　　　　　B．学术研究权

　　C．指导评价权　　　　　　　　　　D．报酬待遇权

16．我国的课程体系必须追求国际性与民族性的内在统一，体现了新课程改革的（　　）。

　　A．教育公平　　　　　　　　　　　B．国际理解

　　C．回归生活世界　　　　　　　　　D．个性发展

17．班级授课制的奠基人是（　　）。

　　A．伊拉斯谟　　　　　　　　　　　B．夸美纽斯

　　C．赫尔巴特　　　　　　　　　　　D．杜威

18．构成大脑的基本单位是（　　）。

　　A．脊神经　　　　　　　　　　　　B．脑神经

　　C．神经元　　　　　　　　　　　　D．中枢神经系统

19．一些复杂的运动，如舞蹈、骑行、瑜伽、体操等，一旦个体学会，就会被编入且能自动化运行的脑组织是（　　）。

　　A．小脑　　　　　　　　　　　　　B．丘脑

　　C．脑干　　　　　　　　　　　　　D．边缘系统

20．人耳尤为敏感的声波范围是（　　）。

　　A．16～20 000Hz　　　　　　　　　B．1 000～4 000Hz

　　C．2 000～5 000Hz　　　　　　　　D．5 000～8 000Hz

21．同一口井水，冬天人会觉得它很温暖，夏天人会觉得它很清凉，这种现象属于（　　）。

　　A．感觉适应　　　　　　　　　　　B．感觉对比

　　C．感觉后像　　　　　　　　　　　D．感觉补偿

22．根据马斯洛的需要层次理论，人的成长需要不包括（　　）。

　　A．求知的需要　　　　　　　　　　B．审美的需要

　　C．自我实现的需要　　　　　　　　D．尊重的需要

23．在确定专升本的目标后，玲玲购买了相关的书，并报班系统学习相关的知识，还确定了每天学习的时间。此举体现了学习动机的（　　）。

　　A．激活功能　　　　　　　　　　　B．引导功能

　　C．维持功能　　　　　　　　　　　D．调节功能

24．积极、适当的情绪可以提高人们的活动效率，这体现了情绪的（　　）。

　　A．社会功能　　　　　　　　　　　B．组织功能

　　C．动机功能　　　　　　　　　　　D．适应功能

25．下列人格测验中，与其他不属于同一类型的是（　　）。

　　A．16PF　　　　　　　　　　　　　B．TAT

　　C．MMPI　　　　　　　　　　　　 D．EPQ

26．对良好人格的培养起关键性作用的是（　　）。

　　A．遗传　　　　　　　　　　　　　B．环境

　　C．教育　　　　　　　　　　　　　D．自我调控系统

27．认为学习是积极主动形成认知结构或知识的类目编码系统的过程的心理学家是（　　）。

　　A．布鲁纳　　　　　　　　　　　　B．奥苏贝尔

　　C．托尔曼　　　　　　　　　　　　D．加涅

28. 遇见外表形象比较优越的人，就会不自觉地赋予他较多的理想人格特征，这属于（　　）。

　　A．首因效应　　　　　　　　　B．近因效应

　　C．晕轮效应　　　　　　　　　D．投射效应

29. 如果一个人具有积极向上、诚实守信、乐于助人等品质，就更容易得到他人的喜欢和尊重。这体现了人际吸引的（　　）特征。

　　A．外表吸引力　　　　　　　　B．个人品质

　　C．个人能力　　　　　　　　　D．个人气质

30. 苏东坡为官期间多次遭贬，但他每到一处便品尝当地美食，游历名山大川，生活怡然自得。其采用的应对挫折的方式方法是（　　）。

　　A．幽默　　　　　　　　　　　B．补偿

　　C．合理宣泄　　　　　　　　　D．理智的压抑

二、判断题（每小题 2 分，共 30 分）

31. 孔子认为人口、经济与教育是立国和治国的三大要素。（　　）

32. 京师大学堂是延续时间最长的洋务学堂，也是我国近代第一所培养海军人才的学校。（　　）

33. 1905 年，科举制度被废除。（　　）

34. 日本明治维新期间，藩国开办的教育机构称为"藩学"。（　　）

35. 资本主义社会率先开创了义务教育制度。（　　）

36. "教学"是教师职业劳动的本质。（　　）

37. 学科课程是使用范围最广泛的课程类型。（　　）

38. 领会知识是教学的中心环节。（　　）

39. 德国教育家第斯多惠曾说："坏的教师奉送真理，好的教师则叫人发现真理。"这说明他主张启发性教学。（　　）

40. 心理学最早隶属于哲学，后从哲学中脱离出来，成为一门独立的学科。（　　）

41. 韦特海默、柯勒和考夫卡被认为是格式塔心理学的开山鼻祖。（　　）

42. 阿特金森认为，力求成功者追求卓越、成就感，成功概率在100%的任务最能激发他们的积极性。（　　）

43. 一般情况下，个体的心理发展都会遵循一定的方向和顺序，具有不可逆性。（　　）

44. 维果斯基强调，在人的心理发展中，社会文化起到了非常重要的作用。（　　）

45. 学习材料之间相同要素越多，迁移量越大。（　　）

三、填空题（每小题2分，共30分）

46. 北宋三次兴学包括庆历兴学、熙宁兴学、_____。

47. "心学"的代表人物是_____。

48. 20世纪20年代初，各种教学法相继传入中国，其中，对我国中小学的教学影响最大的是设计教学法和_____。

49. 创办世界上第一所幼儿园的是_____。

50. 个体身心发展由两部分组成，一是身体发育，二是_____。

51. 中国最早提出教学过程阶段论的是_____，对中国古代教学具有重大影响。

52. 海德在1958年提出了_____。

53. 班杜拉认为，情绪和生理状态也影响_____。

54. 情绪的状态可以分为应激、激情、_____。

55. 气质包含活动性、情绪性、_____这3个维度。

56. 行为发生之后撤除愉快刺激，以降低该行为出现的可能性，属于_____。

57. 自我意识包括自我认识、自我体验和_____。

58. 桑代克认为，学习要遵守3条定律：准备律、练习律、_____。

59. 美国心理学家、教育家布卢姆的教学目标涵盖认知、动作技能及_____三大领域。

60. 教育者要帮助_____的儿童，使其顺利完成学习任务，进入即将到达的发展水平，具体方式是支架式教学。

四、名词解释（每小题4分，共20分）

61. 受教育者

62. 中间型学制

63. 活动课程

64. 讲授法

65．支架式教学

五、辨析题（每小题20分，共40分）

66．"中体西用"是完全借鉴西方国家。

67．高智力一定有高创造力。

六、简答题（每小题10分，共50分）

68．简述经济对教育发展的影响。

69. 简述教育目的的功能。

70. 简述德育的内容。

71. 简述运用谈话法的基本要求。

72. 简述人格的基本性质。

七、论述题（共20分）

73．论述如何激发学生的学习动机。

八、材料分析题（共50分）

74．在一节教学课上，学习了三角形具有稳定性之后，李老师让前后桌的每4名学生组成一个小组（班级学生的座位是按照身高高矮编排的），讨论三角形在日常生活中的运用。同时，李老师告诉学生：小组内每个人不仅要为自己的学习负责，还要为其他组员的学习负责。学生立即讨论起来：晾衣架是三角形的，我家空调下面的支架是三角形的，我的风筝是三角形的……

当学生讨论时，李老师适时介入、引导，促使学生畅所欲言。

问题

请运用教学方法的相关理论对李老师的做法进行分析。

教育理论基础

全真模拟试卷（六）

一、单项选择题（每小题2分，共60分）

1. "风声雨声读书声声声入耳，家事国事天下事事事关心"出自（　　）。
   A. 白鹿洞书院　　　　　　　　B. 东林书院
   C. 石鼓书院　　　　　　　　　D. 岳麓书院

2. 下列属于历史知识类教材的是（　　）。
   A.《三字经》　　　　　　　　　B.《蒙求》
   C.《少仪外传》　　　　　　　　D.《幼学琼林》

3. 下列属于墨家学派代表人物的是（　　）。
   A. 孔子　　　　　　　　　　　B. 墨翟
   C. 韩非　　　　　　　　　　　D. 老子

4. 培养了中国近代第一批翻译、外交人才的是（　　）。
   A. 京师同文馆　　　　　　　　B. 福建船政学堂
   C. 湖南时务学堂　　　　　　　D. 北洋西学学堂

5. 我国首位以德、智、体三要素设计教育目标的思想家是（　　）。
   A. 康有为　　　　　　　　　　B. 梁启超
   C. 严复　　　　　　　　　　　D. 蔡元培

6. 人类最初的学校教育的摇篮，也是人类正式教育起点的是（   ）。

    A．古巴比伦教育   B．古埃及教育

    C．古印度教育   D．古希腊教育

7. 被誉为"第一位新式学校的教师"的是（   ）。

    A．弗吉里奥   B．维多利诺

    C．伊拉斯谟   D．蒙田

8. 世界教育史上第一位明确提出"教育心理学化"的教育家，被称为"现代初等学校各科教学法的奠基人"的是（   ）。

    A．洛克   B．卢梭

    C．斐斯泰洛奇   D．赫尔巴特

9. 教师引导学生学会身份认同和角色定位，使其掌握为人处世的道理和方法。这体现了教育的（   ）。

    A．个体个性化功能   B．个体社会化功能

    C．个体谋生功能   D．个体享用功能

10. 现代学制最早出现在（   ）。

    A．亚洲   B．欧洲

    C．美洲   D．非洲

11. 有利于教育的普及，被世界上许多国家采用的学制是（   ）。

    A．单轨学制   B．双轨学制

    C．分支型学制   D．中间学制

12. "三生教育"不包括（   ）。

    A．生存教育   B．生命教育

    C．生活教育   D．生产教育

13. 夸美纽斯说："学校没有纪律便如磨坊没有水。"这体现了德育的（   ）。

    A．尊重信任学生与严格要求学生相结合的原则

    B．教育影响的一致性和连贯性原则

C．发扬积极因素、克服消极因素原则

D．正面教育与纪律约束相结合原则

14．"道之所存，师之所存也"。在现代社会，虽然道德观、价值观呈现出多元化的特点，但教师的道德观、价值观总是代表着居社会主导地位的道德观、价值观，教师也用这种观念引导着学生。这体现出教师担任的职业角色是（   ）。

　　A．管理者　　　　　　　　　　　B．授业、解惑者

　　C．研究者　　　　　　　　　　　D．传道者

15．教师个体专业化发展的起点和基础是（   ）。

　　A．师范教育　　　　　　　　　　B．入职辅导

　　C．在职培训　　　　　　　　　　D．同伴互助

16．张老师已经从事教师这份职业30余年了。近期学校组织了一个关于教师授课技能提升的培训想安排他参加，但张老师不想参加，觉得自己现在年纪大了，精力有限，机会应该留给年轻人，所以回绝道："我没几年就要退休了，学习成长那是年轻人的事儿，培训机会还是留给年轻人吧！"从教师职业道德角度，张老师违背了（   ）。

　　A．爱岗敬业　　　　　　　　　　B．终身学习

　　C．为人师表　　　　　　　　　　D．尊敬同事

17．某小学以学习不好为由开除学生，这种做法侵犯了学生的（   ）。

　　A．受满法定年限教育权　　　　　B．学习权

　　C．公正评价权　　　　　　　　　D．身心健康权

18．突破学校课程的疆域，寻求学校课程、家庭课程、社区课程的整合，全面培养会生存的人，体现了新课程改革的（   ）。

　　A．教育公平　　　　　　　　　　B．国际理解

　　C．回归生活世界　　　　　　　　D．个性发展

19．“没有规矩不成方圆”这句话体现了班集体的（   ）。

　　A．明确的共同奋斗目标　　　　　B．健全的组织机构

　　C．严格的规章制度和纪律　　　　D．良好的活动效果

20．意识是人类独有的高级水平的心理活动，一般被定义为对外部和内部刺激的觉知。自我意识活动不包括（　　）。

A．对无意识的觉知　　　　　　　　B．对外部事物的觉知

C．对内部刺激的觉知　　　　　　　D．对内部心理活动的觉知

21．下列属于大脑右半球主要负责的是（　　）。

A．语言　　　　　　　　　　　　　B．阅读

C．书写　　　　　　　　　　　　　D．情感

22．听觉的最佳刺激范围是（　　）。

A．16～20 000Hz　　　　　　　　　B．18～20 000Hz

C．20～20 000Hz　　　　　　　　　D．22～20 000Hz

23．司机在驾驶汽车时手扶方向盘，脚踩油门，眼睛要随时注意路标和行人，这体现了（　　）。

A．注意的稳定性　　　　　　　　　B．注意的广度

C．注意的分配　　　　　　　　　　D．注意的转移

24．根据马斯洛的需要层次理论，人最高层次的需要是（　　）。

A．自我实现的需要　　　　　　　　B．安全需要

C．归属与爱的需要　　　　　　　　D．尊重的需要

25．黄馨把这次考试失败的原因归结于自己基础掌握不扎实，且没有认真复习。这种归因属于（　　）。

A．外部、稳定、可控归因　　　　　B．外部、稳定、不可控归因

C．内部、不稳定、不可控归因　　　D．内部、不稳定、可控归因

26．在与人交往中，个体可以将当下他人的表情作为沟通信号，这体现了情绪的（　　）。

A．社会功能　　　　　　　　　　　B．组织功能

C．动机功能　　　　　　　　　　　D．适应功能

27. "天生我材必有用"的理论基础是（   ）。

　　A．斯皮尔曼二因素论　　　　　　　　B．瑟斯顿群因素理论

　　C．加德纳多元智力理论　　　　　　　D．吉尔福特三维智力理论

28．认为学习是形成新的完形，是积极主动重新组织情境过程的心理学家是（   ）。

　　A．格式塔　　　　　　　　　　　　　B．托尔曼

　　C．布鲁纳　　　　　　　　　　　　　D．奥苏贝尔

29．罗宾逊提出的SQ3R阅读程序法不包括（   ）。

　　A．预习　　　　　　　　　　　　　　B．提问

　　C．阅读　　　　　　　　　　　　　　D．复习

30．陈晨是单亲家庭的孩子，入学时班主任就直接约谈她，并教导她要体谅家长。但这次谈话后，她见到班主任就躲。班主任忽略了学校心理辅导的（   ）。

　　A．发展性原则　　　　　　　　　　　B．因材施教原则

　　C．面向全体学生原则　　　　　　　　D．尊重与理解学生原则

二、判断题（每小题 2 分，共 30 分）

31．朱熹的教育思想是"明天理，灭人欲"。　　　　　　　　　　　　　　（　　）

32．《钦定学堂章程》是中国近代第一个正式颁布的法定学制，也是中国近代教育制度的开端。　　　　　　　　　　　　　　　　　　　　　　　　　　　　　（　　）

33．19世纪以前，整个英国的高等教育仍然以牛津和剑桥为主。　　　　　（　　）

34．当一个国家适龄青年中接受高等教育的比率在50%以上时，属于大众化高等教育阶段。　　　　　　　　　　　　　　　　　　　　　　　　　　　　　　（　　）

35．专业理想是教师对成为一个成熟的教育教学专业工作者的向往与追求，是推动教师专业发展的巨大动力。　　　　　　　　　　　　　　　　　　　　　（　　）

36．《中华人民共和国义务教育法》是新中国成立以来颁布的第一部基础教育方面的法律。　　　　　　　　　　　　　　　　　　　　　　　　　　　　　（　　）

37. 在中国，孟子最早提出教学过程阶段论，对中国古代教学具有重大影响。（   ）

38. 班集体是通过开展集体活动逐步形成的。（   ）

39. 人的心理除了意识，还有无意识现象。（   ）

40. 周期性振动的复合音就是乐音。（   ）

41. 遗忘进程受时间因素的制约，最初进展慢，之后逐渐变快。（   ）

42. 理性和意志调节控制着人类的需要。（   ）

43. 问题解决常见的基本策略有算法式和启发式。（   ）

44. 我国学者黄秀兰把课程气氛分成积极的、消极的和对抗的3种类型。（   ）

45. 人际沟通需要沟通双方使用同一套编码解码系统。（   ）

三、填空题（每小题2分，共30分）

46. 位居"六艺"教育之末的是_____。

47. 教育家胡瑗在苏州郡学和湖州州学任教期间所形成的教育教学经验被称为_____。

48. 改良派在教育方面主张全面学习西学，改革科举制度，建立近代学制，_____。

49. 中国近现代教育史上第一部运用马克思主义基本原理论述教育问题的专著是_____。

50. 史前教育的主要教学方式包括模仿、讲述、仪式和_____。

51. 义务教育最本质的特征是_____。

52. 中小学智育的内容主要包括语言课程、数学课程、_____。

53. _____是由美国学者斯克里文针对目标评价模式的弊端而提出来的。

54. 中小学课程最主要的部分是_____。

55. 荀子说："不闻不若闻之，闻之不若见之。"这体现的是教学的_____。

56. 班主任了解和研究学生的内容主要有两个方面：一是了解和研究学生集体；二是_____。

57. 构造主义主张人类的感觉、表象和_____是经验的三元素。

58. 心理学的研究方法主要包括观察法、调查法、个案研究法、_____。

59. _____是成功时获得满足感。

60. "人格的海洋"五因素包括开放性、尽责性、外向性、随和性、_____。

四、名词解释（每小题4分，共20分）

61. 教育影响

62. 义务教育

63. 显性课程

64. 备课

65．教学评价

五、辨析题（每小题20分，共40分）

66．"战时须作平时看"是抗日战争时期行之有效的教育方针。

67．人格与性格是一致的。

六、简答题（每小题10分，共50分）

68．简述遗传素质对个体身心发展的作用。

69．简述德育的途径。

70．简述运用讨论法的基本要求。

71．简述注意的特征。

72．简述代表性动机理论。

七、论述题（共20分）

73．论述创造力的影响因素。

八、材料分析题（共50分）

74．李南是一位刚走上教育岗位的年轻教师。上岗之前，他踌躇满志，想象着教师的那些活计：备课、上课、批改作业等是那样的简单。而且他觉得，作为物理教师，只教学生掌握应该学到的物理知识就行，不用操心思想工作，可省去许多麻烦。总之对于自己这个高材生来说，要驾驭教师工作轻而易举。

然而，上岗两个月后，李南没有了往日的潇洒，他沮丧到了极点。走进教室，他发现学生与想象中的相差甚远，有的简直不像学生，对老师没有礼貌，时不时抓住机会向他挑衅。且不说教学内容他们不想听，即使讲逸闻趣事，有些学生也没有兴趣听。课堂上还经常出现相互谩骂、打架的事情，李南不胜其烦。

总结原因，李南并不认为是他自己无能，而是学生太差。他觉得，与其把时间花在这难见成效的工作上，还不如早点改行。他想辞职去做生意，但是仔细想想，就此离开教育行业，他又心有不甘。但如果继续干下去，出路又何在？

问题

（1）请对李南的教育观进行评析。

（2）李南想象中的教学与实际教学呈现出非常大的反差，其问题的根源何在？

教育理论基础

全真模拟试卷（七）

一、单项选择题（每小题2分，共60分）

1. 下列属于名物常识类教材的是（   ）。

   A.《三字经》　　　　　　　　　B.《蒙求》

   C.《少仪外传》　　　　　　　　D.《幼学琼林》

2. 下列属于法家学派代表人物的是（   ）。

   A. 孔子　　　　　　　　　　　B. 墨翟

   C. 韩非　　　　　　　　　　　D. 老子

3. 既是洋务运动在教育领域实践的开端，也是中国近代教育的开端，标志着中国学习西方由观念落实为实践的是（   ）。

   A. 京师同文馆　　　　　　　　B. 福建船政学堂

   C. 京师大学堂　　　　　　　　D. 湖南时务学堂

4. 我国第一部以马克思主义观点阐述教育问题的著作是杨贤江的（   ）。

   A.《教育学》　　　　　　　　　B.《新教育大纲》

   C.《民主主义与教育》　　　　　D.《论共产主义教育》

5. 我国最早的幼儿教育实验室的创办地是（　　）。

   A．南京　　　　　　　　　　　　B．北京

   C．上海　　　　　　　　　　　　D．重庆

6. 在教育目的上，西塞罗认为教育任务是培养（　　）。

   A．政治家　　　　　　　　　　　B．军事家

   C．雄辩家　　　　　　　　　　　D．哲学家

7. 被誉为"幼儿教育之父"的是（　　）。

   A．斯宾塞　　　　　　　　　　　B．涂尔干

   C．第斯多惠　　　　　　　　　　D．福禄培尔

8. 标志着教育学成为一门独立的学科，也标志着规范教育学的建立的是（　　）。

   A．《大教学论》　　　　　　　　B．《爱弥儿》

   C．《林哈德与葛笃德》　　　　　D．《普通教育学》

9. 教育制度的核心是（　　）。

   A．教育管理制度　　　　　　　　B．国民教育制度

   C．学校教育制度　　　　　　　　D．义务教育制度

10. 下列学制类型中，形成于美国的是（　　）。

    A．双轨学制　　　　　　　　　　B．单轨学制

    C．分支制　　　　　　　　　　　D．中间型学制

11. 小明知道闯红灯不好，但是他上学快迟到了，还是闯了红灯。他应该注意培养（　　）。

    A．品德认识　　　　　　　　　　B．品德情感

    C．品德意志　　　　　　　　　　D．品德行为

12. 苏霍姆林斯基曾说："忠于崇高的理想，是个人道德发展的顶峰。"这体现了德育的（　　）。

    A．导向性原则　　　　　　　　　B．疏导原则

    C．因材施教原则　　　　　　　　D．知行统一原则

13. 智育的第一个目标是（　　）。

　　A．获取系统的基础知识和基本技能　　B．发展智力

　　C．培养实践能力　　D．培养创新精神

14. 学生各个方面发展尚未成熟，具有很大的发展潜力，而且尚未定型，极易受外部环境因素的影响，这说明学生具有（　　）。

　　A．向师性　　B．可塑性

　　C．依赖性　　D．接受性

15. 某中学教师让学生在上课期间在外罚站，这种做法侵犯了学生的（　　）。

　　A．受满法定年限教育权　　B．学习权

　　C．公正评价权　　D．身心健康权

16. 作为公民，必须具备的基本素养不包括（　　）。

　　A．读　　B．写

　　C．算　　D．想

17. 每个学生都是独立发展的个体，体现了新课程改革的（　　）。

　　A．教育公平　　B．国际理解

　　C．回归生活世界　　D．个性发展

18.《学记》中提出"君子之教，喻也"，体现的是教学的（　　）。

　　A．方向性原则　　B．直观性原则

　　C．启发性原则　　D．巩固性原则

19. 学校教育教学工作中保障教学质量的关键是（　　）。

　　A．备课　　B．上课

　　C．批改作业　　D．成绩评定

20. 班集体建设中，最关键的因素是（　　）。

　　A．班级目标　　B．班主任

　　C．学生人数　　D．班干部

21. 学生利用数字符号和定义加以演绎和求证，就可以得到数学应用题的正确答案，属于（　　）。

   A．动作思维　　　　　　　　　　　　B．形象思维

   C．抽象思维　　　　　　　　　　　　D．非形式逻辑思维

22. 下列属于大脑左半球主要负责的是（　　）。

   A．情感　　　　　　　　　　　　　　B．欣赏音乐

   C．欣赏艺术　　　　　　　　　　　　D．阅读

23. 当我们刚进入黑暗的卧室时，看不清前方，要摸索前进，但是过一会儿就能看到家具的轮廓。这种现象是视觉的（　　）。

   A．后像　　　　　　　　　　　　　　B．适应

   C．明适应　　　　　　　　　　　　　D．暗适应

24. 小军上完一节语文课后，能很快为接下来的美术课做好准备。这体现了（　　）。

   A．注意的分配　　　　　　　　　　　B．注意的转移

   C．注意的稳定性　　　　　　　　　　D．注意的广度

25. 下列不属于需要的特征的是（　　）。

   A．对象性　　　　　　　　　　　　　B．连续性

   C．动力性　　　　　　　　　　　　　D．社会性

26. 在情绪的认知理论中，强调对刺激情景的评估作用的理论是（　　）。

   A．沙赫特的二因素情绪理论　　　　　B．拉扎勒斯的认知-评价理论

   C．伊扎德的动机-分化理论　　　　　 D．阿诺德的评定-兴奋理论

27. 提出EQ的教育家是（　　）。

   A．梅耶　　　　　　　　　　　　　　B．斯皮尔曼

   C．桑代克　　　　　　　　　　　　　D．瑟斯顿

28. 下列表述不正确的是（　　）。

   A．气质无好坏之分　　　　　　　　　B．性格有好坏之分

   C．气质主要受遗传因素影响　　　　　D．性格完全受后天因素影响

29. 按照卢布姆等人的认知教育目标分类,代表着最高水平的认知学习目标是( )。

　　A. 综合　　　　　　　　　　　　B. 运用

　　C. 评价　　　　　　　　　　　　D. 领会

30. 适合朋友、同事、邻居之间交往的人际距离是( )。

　　A. 0～0.5 米　　　　　　　　　　B. 0.5～1.25 米

　　C. 1.25～3.5 米　　　　　　　　 D. 3.5 米以上

二、判断题（每小题 2 分，共 30 分）

31. 第一所洋务学堂是京师大学堂。（　）

32. 中国近代第一个颁布并实施的法定学制是《奏定学堂章程》。（　）

33. 拜占庭的教会学校中,君士坦丁堡大主教学校的地位最高。（　）

34. 《费舍教育法》开创了英国通过明确的教育立法构建国家教育制度的先河。（　）

35. 1684 年,欧洲出现了最早的具有师范性质的学校——教师讲习所,培养初等学校的教师。（　）

36. 学生对教师的认识、情感态度等是影响师生关系建立的主要因素。（　）

37. 上课是学校的中心工作。（　）

38. 开好主题班会是每个班主任都必须掌握的基本功。（　）

39. 行为主义是 1913 年美国心理学家约翰·华生提出来的。（　）

40. 运动错觉又分为诱导运动与自主运动。（　）

41. 遗忘现象一般有两种状态：暂时性遗忘和永久性遗忘。（　）

42. 基本情绪是天生的。（　）

43. 吉尔福特认为智力活动包括内容、过程、产品 3 个维度。（　）

44. 教师职业的中心角色是知识的传授者。（　）

45. 教学监管能力是教师成功的关键因素之一。（　）

三、填空题（每小题2分，共30分）

46．南宋"理学"教育思想的集大成者是_____。

47．孟子主张教育的目的在于"明人伦"，主要表现为：父子有亲、君臣有义、夫妇有别、长幼有序、_____。

48．我国古代乃至世界上最早的、有"教育学的雏形"之称的教育专著是_____。

49．被誉为"青年一代最好的指导者"的是_____。

50．古希腊教育古典时代的教育确定了"三艺"课程，即文法、修辞学和_____。

51．世界上最早实施义务教育的国家是_____。

52．美育的内容包括艺术美、社会美、科学美、_____。

53．美国课程论专家麦克尼尔从微观角度把课程组织的要素分为主题和概念、原理、技能、_____。

54．班级管理的模式包括常规管理、平行管理、民主管理、_____。

55．科学心理学的基础是_____。

56．根据马斯洛的需要层次理论，最高层次的需要是_____。

57．按社会性内容，情感可以分为理智感、道德感、_____。

58．_____是斯滕伯格从信息加工的角度提出的。

59．斯滕伯格和洛巴特把人的认知风格分为立法式、执行式、_____3种。

60．人格测验一般有自陈式人格测验和_____两种。

四、名词解释（每小题4分，共20分）

61．个体身心发展

62. 德育

63. 隐性课程

64. 班集体

65. 概念教学策略

五、辨析题（每小题20分，共40分）

66. 苏格拉底是历史上最早的专家治国论者。

67. 布鲁纳认为以"螺旋式上升"的方式对学科的基本结构进行呈现是编排教材的最佳方式。

六、简答题（每小题 10 分，共 50 分）

68. 简述杜威的教育本质。

69. 简述学校教育对个体身心发展的作用。

70. 简述德育过程的基本规律。

71．简述新课程改革的价值追求。

72．简述良好人格的培养。

七、论述题（共20分）

73．论述教师在课堂上如何有效提问。

八、材料分析题（共50分）

74. 刘老师是一位刚入职的初中数学教师。开学第一节课，她穿着鲜艳的衣服早早来到教室，用彩色粉笔把黑板装饰了一番。上课铃响了，刘老师开始上课，她对学生说："为了配合课本后面章节的学习，我们先暂时跳过前面两章，从第3章开始学习，现在开始学习第3章第一节'二元一次方程'。"刘老师一说完，下面就有学生窃窃私语：怎么从中间开始讲起呢？在整个上课过程中，由于准备的内容较多，怕讲不完，刘老师的语速非常快。在看到有两个学生发呆的时候，她很生气地训斥了他们，学生表示她讲的内容都学过了，已经会了，她回答道："老师讲什么，你就听什么。"刘老师也会提问，但是不等学生思考回答，她自己就把答案告诉了学生。离下课还有10分钟的时候，刘老师就讲完了所有的内容，她只能尴尬地站在讲台上直到下课。

问题

（1）结合个体身心发展的一般规律的相关理论，评析刘老师的教学行为。

（2）结合教师职业心理特征中教学行为特征的相关知识，对刘老师的教学行为加以评析。

教育理论基础

全真模拟试卷（八）

一、单项选择题（每小题2分，共60分）

1. 下列属于道家学派代表人物的是（　　）。

    A．孔子　　　　　　　　　　　　B．墨翟

    C．韩非　　　　　　　　　　　　D．老子

2. 下列属于《学记》教育思想的是（　　）。

    A．有教无类

    B．弃圣绝智，弃仁绝义

    C．以法为教，以吏为师

    D．玉不琢，不成器；人不学，不知道

3. 最早由中国马克思主义教育理论家杨贤江于20世纪30年代提出的是（　　）。

    A．教育的生物起源说　　　　　　B．教育的心理起源说

    C．教育的劳动起源说　　　　　　D．教育的需要起源说

4. 拜占庭的世俗教育体系不包括（　　）。

    A．初等学校　　　　　　　　　　B．中等学校

    C．学前学校　　　　　　　　　　D．高等学校

5. 最早明确提出普及义务教育的教育家是（   ）。

    A．马丁·路德　　　　　　　　　　B．约翰·加尔文

    C．维多利诺　　　　　　　　　　　D．蒙田

6. 不属于3个里程碑著作的是（   ）。

    A．《理想国》　　　　　　　　　　B．《爱弥儿》

    C．《民主主义与教育》　　　　　　D．《政治学》

7. 在特定的社会环境中，有能力推动个体社会化和发展其个性的人才是（   ）。

    A．学习者　　　　　　　　　　　　B．教育者

    C．教师　　　　　　　　　　　　　D．学生

8. 下列学制类型中，最初形成于西欧的是（   ）。

    A．双轨学制　　　　　　　　　　　B．单轨学制

    C．分支制　　　　　　　　　　　　D．中间型学制

9. 颜回评价孔子："夫子循循然善诱人，博我以文，约我以礼，欲罢不能。"这体现了德育的（   ）。

    A．导向性原则　　　　　　　　　　B．疏导原则

    C．因材施教原则　　　　　　　　　D．知行统一原则

10. 《中华人民共和国教师法》的颁布时间是（   ）。

    A．1992年　　　　　　　　　　　　B．1993年

    C．1994年　　　　　　　　　　　　D．1995年

11. 教师每学期会定期家访、带领学生参与各项校外活动，这体现的是教师劳动的（   ）。

    A．创造性　　　　　　　　　　　　B．长期性

    C．广延性　　　　　　　　　　　　D．主体性

12. 师德的灵魂是（   ）。

    A．爱国守法　　　　　　　　　　　B．爱岗敬业

    C．关爱学生　　　　　　　　　　　D．教书育人

13. 教师戴着有色眼镜评价学生。这种做法侵犯了学生的（   ）。

   A．受满法定年限教育权　　　　　　B．学习权

   C．公正评价权　　　　　　　　　　D．身心健康权

14. 西方第一位建立教学理论的教育家是（   ）。

   A．斯宾塞　　　　　　　　　　　　B．涂尔干

   C．昆体良　　　　　　　　　　　　D．福禄培尔

15. 教学最重要的也是最基本的要求是（   ）。

   A．教学目标明确　　　　　　　　　B．教学内容正确

   C．教学方法恰当　　　　　　　　　D．教学组织严密

16. 班级成员之间有了深入的了解、互相关心、紧密团结，且有了很强的集体意识，能够自觉维护集体荣誉，说明这个班集体发展到了（   ）。

   A．组建阶段　　　　　　　　　　　B．核心初步形成阶段

   C．集体自主活动阶段　　　　　　　D．独立创造价值阶段

17. 在日常工作中，王老师刻苦钻研业务，虚心向同行学习，用实际行动激励学生努力奋斗。王老师扮演的角色是（   ）。

   A．班集体的建设者　　　　　　　　B．学生健康成长的引领者

   C．学生言行举止的表率者　　　　　D．各种教育力量的协调者

18. 我们视觉所接受到的下列物体光线中，来源不一致的是（   ）。

   A．灯光　　　　　　　　　　　　　B．阳光

   C．月光　　　　　　　　　　　　　D．手电筒

19. 为了避免影响人的情绪，应控制噪音不超过（   ）。

   A．80分贝　　　　　　　　　　　　B．100分贝

   C．120分贝　　　　　　　　　　　D．140分贝

20. 教师讲课时，声音抑扬顿挫，富于变化，这是为了引起学生的（   ）。

   A．有意注意　　　　　　　　　　　B．无意注意

   C．有意后注意　　　　　　　　　　D．分散注意

21．鲁迅先生自幼聪明好学，为了激励自己学习，曾在绍兴百草堂的书桌上刻"早"字以提醒自己。鲁迅先生在培养注意力时，采用的是（ ）。

  A．自我暗示法   B．情境想象法

  C．自我奖励法   D．培养间接兴趣法

22．学龄前儿童可能需要通过掰手指的方式，才能完成 10 以内的加减运算。这属于（ ）。

  A．动作思维   B．形象思维

  C．抽象思维   D．非形式逻辑思维

23．动机产生的内在条件是（ ）。

  A．诱因   B．能力

  C．认知   D．需要

24．“忧者见之则忧，喜者见之则喜”体现的情绪状态是（ ）。

  A．热情   B．应激

  C．激情   D．心境

25．下列属于现代智力理论的是（ ）。

  A．二因素论   B．多因素论

  C．晶体智力和流体智力   D．三元智力理论

26．一个好迟到的人在与别人合作共事时，其承担的任务往往也会最后完成，这体现了（ ）的作用。

  A．人格   B．能力

  C．气氛   D．动机

27．根据埃里克森人格发展阶段理论，学龄前期（3～6 岁）的主要冲突是（ ）。

  A．信任对不信任   B．自主对羞愧、怀疑

  C．主动对内疚   D．勤奋对自卑

28．主张学生最主要的学习方式是接受学习的是（ ）。

  A．格式塔   B．托尔曼

  C．布鲁纳   D．奥苏贝尔

29. 学习完汉语拼音再去学习英文字母，会产生发音上的困扰，这属于（ ）。

   A. 正迁移   B. 负迁移

   C. 近迁移   D. 零迁移

30. "物以类聚，人以群分"体现了人际吸引的（ ）。

   A. 熟悉度   B. 接近性

   C. 相似性   D. 互补性

二、判断题（每小题2分，共30分）

31. 由地方政府逐级考试选拔后报送尚书省应试者，称为乡贡。（ ）

32. 孔子教育思想以"仁"为核心和最高道德标准。（ ）

33. 京师大学堂是中国近代第一所新式学堂，创办于1895年。（ ）

34. 1906年，美国"全国职业教育促进会"正式成立。（ ）

35. 当一个国家适龄青年中接受高等教育的比率在50%以上时，属于普及化高等教育阶段。（ ）

36. 体谅模式由英国学者麦克菲尔及其同事所创。（ ）

37. "自我更新"取向把教师专业发展阶段分为5个阶段。（ ）

38. 依法执教是对教师的基本要求。（ ）

39. 新中国成立以来规模最大、影响最为深远的一次课程改革是2001年6月8日教育部颁布的《基础教育课程改革纲要（试行）》。（ ）

40. 学习动机是推动学生学习的内部动力。（ ）

41. 了解和研究学生是班主任开展工作的根本。（ ）

42. 陈述、解释、预测和控制人的心理和行为，探索和揭示心理现象发生、发展和变化的规律，是心理学的根本任务。（ ）

43. 言语理解包括理解口头语言和书面语言。（ ）

44．皮亚杰认为平衡化是心理发展的决定性因素。（　　）

45．大量阅读训练法是一种帮助学生提高阅读理解能力的教学策略。（　　）

三、填空题（每小题2分，共30分）

46．_____是第一所洋务学堂，也是我国最早的官办新式学堂。

47．_____是"人类最初的学校教育的摇篮，也是人类正式教育的起点"。

48．_____提出了"美德可教"的主张。

49．古罗马著名演说家和教育家西塞罗的代表作是_____。

50．近代第一本教育学著作是_____。

51．我国现代学制的建立始于_____。

52．从类别结构上看，我国当前学校教育制度可以分为基础教育、职业技术教育、高等教育、成人继续教育和_____五大类。

53．学生主体性主要表现在独立性、选择性、_____几个方面。

54．根据课程呈现方式，学校教职工人际关系情况、师生交往的心理和行为方式等属于_____。

55．研究个体毕生心理发展的学科是_____。

56．记忆包括识记、保持、_____3个基本环节。

57．情绪是复合的心理现象，是由主观体验、外部表现和_____3种成分组成的。

58．新精神分析流派的代表人物是_____。

59．当前比较有代表性的学习理论是加涅的_____。

60．在婴儿的认知发展中，最先、最快发展的是_____。

四、名词解释（每小题 4 分，共 20 分）

61．遗传

62．价值澄清模式

63．课程计划

64．心理学

65．教师威信

五、辨析题（每小题20分，共40分）

66. 文艺复兴的核心价值观和世界观是"人文主义"。

67. 教师必须靠严厉的管理手段建立威信。

六、简答题（每小题10分，共50分）

68. 简述学校教育主导作用充分发挥的条件。

69. 简述德育的功能。

70．简述美育的意义。

71．简述班级管理的原则。

72．简述讲授法的教学技巧。

七、论述题（共 20 分）

73．论述心理健康的标准。

八、材料分析题（共50分）

74. 近来，某家长发现正在上六年级的小浩总是拐弯抹角、闪烁其词地要零花钱，再三追问下，孩子才道出实情。原来班主任为了激励学生相互学习，共同提高，把班级分为10个学习小组，每个小组有6名学生，月评成绩倒数后3名的学生，要买10元钱以上的奖品给排名前3的学生。小浩的学习基础相对薄弱，每次月评他总是排在后3名。所以，每次月评都少不了他买的奖品，以至于大家都叫他"买单狂"。小浩还说，自己也想提高成绩，但是又得不到帮助，虽然自己暗自努力，但总未能取得好成绩。他感觉很伤自尊，情绪一直非常低落，甚至不想在这个班级上课了。家长随后给班主任打电话沟通，班主任却回答："自尊心是自己树立的，不是别人给的。我不认为这种方式有什么不对，这样做也是为了孩子好。"

请运用德育原则的有关知识，对班主任的行为进行评析。

教育理论基础

全真模拟试卷（九）

一、单项选择题（每小题2分，共60分）

1. 下列不属于书院最主要的活动的是（　　）。
   A. 祭祀
   B. 藏书
   C. 交友
   D. 讲学

2. 主张"有教无类"的是（　　）。
   A. 儒家
   B. 墨家
   C. 道家
   D. 法家

3. 中国近代史上首位以专文论述师范教育的人是（　　）。
   A. 康有为
   B. 梁启超
   C. 严复
   D. 黄炎培

4. 在教育本质的问题上，杨贤江认为教育是（　　）。
   A. 社会的经济基础
   B. 劳动力再生产手段
   C. 社会生产力
   D. 观念形态的劳动领域之一

5. 西欧中世纪基督教的教育机构不包括（　　）。
   A. 修道院学校
   B. 主教学校
   C. 教区学校
   D. 社区学校

6. 近代西方最早致力于普及义务教育的国家是（　　）。

　　A．英国　　　　　　　　　　　　　B．法国

　　C．德国　　　　　　　　　　　　　D．美国

7. 被誉为"德国师范教育之父"的是（　　）。

　　A．斯宾塞　　　　　　　　　　　　B．涂尔干

　　C．第斯多惠　　　　　　　　　　　D．福禄培尔

8. 教育与人类社会共始终，不会随着国家的灭亡而消失，体现的是教育的（　　）。

　　A．永恒性　　　　　　　　　　　　B．历史性

　　C．质的规定性　　　　　　　　　　D．历史继承性

9. 马克思主义认为，只有当社会环境有利于人们的全面发展时，才能实现（　　）。

　　A．资本主义制度　　　　　　　　　B．社会主义制度

　　C．机器大工业生产　　　　　　　　D．教育与生产劳动相结合

10. 义务教育最本质的特征是（　　）。

　　A．强制性　　　　　　　　　　　　B．免费性

　　C．普及性　　　　　　　　　　　　D．公益性

11. 朱熹曰："夫子教人，各因其材。"这句话体现了德育的（　　）。

　　A．导向性原则　　　　　　　　　　B．疏导原则

　　C．因材施教原则　　　　　　　　　D．知行统一原则

12. 我国首次从法律角度确认教师的专业地位的是（　　）。

　　A．1992年颁布的《中华人民共和国教师法》

　　B．1993年颁布的《中华人民共和国教师法》

　　C．1994年颁布的《中华人民共和国教师法》

　　D．1995年颁布的《中华人民共和国教师法》

13. "桃李不言，下自成蹊""学高为师，身正为范"，体现的是教师劳动的（　　）。

　　A．创造性　　　　　　　　　　　　B．广延性

　　C．复杂性　　　　　　　　　　　　D．示范性

14. 某家委会以元旦来临为由打算通过组织家长每人交100元的方式凑钱给班主任送一部手机，以感谢班主任对孩子的培育之恩。班主任知道后，婉言阻止了家委会的行为，对于班主任的做法，下列说法正确的是（   ）。

    A．错误，班主任太清高了

    B．错误，不利于拉近教师与家长之间的关系

    C．正确，班主任遵循了爱岗敬业的教师职业道德规范

    D．正确，班主任遵循了为人师表的教师职业道德规范

15. 教师口头谩骂、虐待学生。这种做法侵犯了学生的（   ）。

    A．受满法定年限教育权   B．学习权

    C．公正评价权   D．身心健康权

16. 教科书编写最重要的依据是（   ）。

    A．课程计划   B．课程方案

    C．教学大纲   D．课程标准

17. 教师带领学生观看文艺演出并让学生说一说自己最感兴趣的节目及理由，属于课程目标的（   ）。

    A．普遍性目标   B．行为性目标

    C．生成性目标   D．表现性目标

18. 下列教育家中，极大地影响了中国当代教学过程理论发展的是（   ）。

    A．昆体良   B．夸美纽斯

    C．赫尔巴特   D．凯洛夫

19. "消除嫉妒，公平竞争"针对的是（   ）。

    A．全体学生   B．先进生

    C．中等生   D．后进生

20. 格式塔心理学的开山鼻祖不包括（   ）。

    A．冯特   B．韦特海默

    C．柯勒   D．考夫卡

21. 可见光谱的波长范围为（　　）。

　　A．300～760 纳米　　　　　　　　　　B．400～760 纳米

　　C．500～760 纳米　　　　　　　　　　D．600～760 纳米

22. 我们从电影院出来，刚走到阳光普照的户外，会觉得很刺眼，但是过一会儿就好了。这种现象是视觉的（　　）。

　　A．后像　　　　　　　　　　　　　　B．适应

　　C．明适应　　　　　　　　　　　　　D．暗适应

23. 小明出国旅游归来，向同学们绘声绘色地讲述了自己旅游时的所见所闻，这是记忆的（　　）。

　　A．识记　　　　　　　　　　　　　　B．再认

　　C．回忆　　　　　　　　　　　　　　D．遗忘

24. 动机产生的外在条件是（　　）。

　　A．诱因　　　　　　　　　　　　　　B．能力

　　C．认知　　　　　　　　　　　　　　D．需要

25. 根据坎农-巴德情绪学说，情绪的中心位于（　　）。

　　A．杏仁核　　　　　　　　　　　　　B．丘脑

　　C．内脏　　　　　　　　　　　　　　D．外周神经系统

26. 智力发展的"关键年龄"是在（　　）。

　　A．8～9 岁　　　　　　　　　　　　　B．10～11 岁

　　C．12～13 岁　　　　　　　　　　　　D．14～15 岁

27. 奥尔波特首次提出了人格特质理论，他把人格分为两类，分别是（　　）。

　　A．首要特质和次要特质　　　　　　　B．共同特质和个人特质

　　C．首要特质和中心特质　　　　　　　D．根源特质和表面特质

28. 尽管在两个杯子中倒入了同样多的矿泉水，心心还是认为又高又细的杯子里的水比又矮又粗的杯子里的水多。这说明她的认知处于（　　）。

　　A．感知运算阶段　　　　　　　　　　B．形式运算阶段

　　C．前运算阶段　　　　　　　　　　　D．具体运算阶段

29．下列说法中不恰当的是（　　）。

A．没有反馈的沟通是单向沟通

B．沟通的核心功能是了解自己、了解别人

C．沟通是信息发出者→编码→信息接收者→解码→信息接收者→反馈的环回过程

D．沟通是信息的传递。只要有诚意，即使对方拒绝交流，也一定会接收到信息，从而达到沟通的目的。

30．人们会对新鲜的事物或第一次见面的人给予更多的关注，而对后续的信息注意力会分散，这属于（　　）。

A．首因效应　　　　　　　　　　B．近因效应

C．晕轮效应　　　　　　　　　　D．投射效应

二、判断题（每小题 2 分，共 30 分）

31．国子监和有关官学的学生经所在学校考试合格选送应试者，称为生徒。（　　）

32．康有为的代表作是《大同书》。（　　）

33．陈鹤琴创办和发展了我国的幼儿教育事业。（　　）

34．世界上最早的专门学校出现于古巴比伦寺庙所在地。（　　）

35．中世纪，学生型大学的典型代表是博洛尼亚大学。（　　）

36．亚里士多德认为人的灵魂应当分为三部分：植物灵魂、动物灵魂、人类灵魂。（　　）

37．德育目标的社会性是教育目标社会制约性的最集中、最突出的特点。（　　）

38．我国中小学教师资格实行长期永久注册。（　　）

39．教学反思属于教师个体专业化发展基本途径中的在职培训范畴。（　　）

40．《中华人民共和国义务教育法》是促进和保障我国基础教育健康发展的基本法。（　　）

41．教科书可按照教师个人观点自由编写。（　　）

42．非周期性振动的复合音就是杂音。（   ）

43．最佳动机水平不是固定不变的，而是随着任务性质的变化而变化的。（   ）

44．儿童记忆广度至高中阶段达到最高水平。（   ）

45．噪音可以分为3种形式：外部噪音、内部噪音及语义噪音。（   ）

三、填空题（每小题2分，共30分）

46．西周的教育制度_____具体表现为：唯官有书而民无书；唯官有器而民无器；唯官有学而民无学。

47．洋务学堂大致可以分为三类：第一类是方言（外语）学堂；第二类是武备（军事）学堂；第三类是_____。

48．清末以来，西方教学法输入中国，最为流行的是赫尔巴特的_____。

49．中世纪教师型大学的典型代表是_____。

50．斯宾塞的代表作是_____。

51．职业教育的主要目标是_____。

52．德育过程是培养学生知、情、____、行的过程。

53．师生关系的最高原则是_____。

54．CSE 评价模式指出，课程评价包括 4 个步骤：需要评定、方案计划、形成性评价、_____。

55．班主任的应变处理能力也被称为_____。

56．心理学的研究应遵循客观性和_____两个基本原则。

57．动机具有激活功能、引导功能、_____。

58．根据迁移的影响效果，学习迁移可分为正迁移、负迁移和_____。

59．元认知策略认为，_____是元认知能力的核心。

60．学习风格有3个特点：独特性、稳定性、_____。

四、名词解释（每小题4分，共20分）

61．个性

62．社会学习模式

63．课程标准

64．应用心理学

65．教师教学监管能力

五、辨析题（每小题20分，共40分）

66．赫尔巴特促进了规范教育学的建立。

67．人际沟通中距离越近沟通效果越好。

六、简答题（每小题10分，共50分）

68．简述教育的个体发展功能有效发挥的条件。

69．简述中小学德育的意义。

70．简述运用演示法的基本要求。

71．简述注意品质的培养。

72．简述积极心理学的贡献。

七、论述题（共20分）

73．论述教育与人口的关系。

八、材料分析题（共50分）

74. 我是一位教师，担任的是小学三年级的班主任工作，我一直很认真地工作，关心每个孩子的成长。但是，我们班有个女同学的成绩极差，语文和数学考试经常不及格。她的上一任班主任告诉我，她的成绩太差，不要管她了。但是作为班主任，我想我应该对全班同学负责，不能放弃她。所以，我开始一步步地帮助她，先了解她学习成绩差的原因。原来是她的家长文化水平低，又管教不严，她在学习上没有上进心。由于学习成绩差，同学和老师都不喜欢她，疏远她，她变得自卑。了解了基本情况之后，我开始在生活、思想、学习上关心她、帮助她，找她谈心、沟通感情，帮助她树立自信心，消除她的自卑感。课余时间，我给她补课，鼓励她参加班级的活动，班会上，我经常对她的点滴进步进行表扬……她慢慢有了转变，对学习有了兴趣，学习成绩也逐渐提高了，变得更加自信和活泼了。

问题

通过这位班主任对后进生进行个别教育的案例，你认为应该如何转化后进生呢？

教育理论基础

全真模拟试卷（十）

一、单项选择题（每小题2分，共60分）

1. 由教书先生在家中或在外借赁场所开办的一类私塾称为（　　）。

   A. 家塾　　　　　　　　　　　　B. 学馆

   C. 义塾　　　　　　　　　　　　D. 村学

2. 主张"虽不扣而必鸣"的是（　　）。

   A. 儒家　　　　　　　　　　　　B. 墨家

   C. 道家　　　　　　　　　　　　D. 法家

3. 提出军国民教育、实利主义教育、道德教育、美感教育和世界观教育"五育并举"教育方针的是（　　）。

   A. 黄炎培　　　　　　　　　　　B. 蔡元培

   C. 晏阳初　　　　　　　　　　　D. 陶行知

4. 文艺复兴时期创办了新式寄宿学校——"快乐之家"的是（　　）。

   A. 维多利诺　　　　　　　　　　B. 伊拉斯谟

   C. 蒙田　　　　　　　　　　　　D. 弗吉里奥

5. 被誉为"现代大学之母",开创了世界高等教育新时代的大学是（　　）。

   A．牛津大学　　　　　　　　　　B．剑桥大学

   C．柏林大学　　　　　　　　　　D．耶鲁大学

6. 被誉为"现代教育学之父""科学教育学的奠基人"的是（　　）。

   A．洛克　　　　　　　　　　　　B．卢梭

   C．斐斯泰洛奇　　　　　　　　　D．赫尔巴特

7. 封建社会的教育目的和我国现在的教育目的不同,体现的是（　　）。

   A．永恒性　　　　　　　　　　　B．历史性

   C．质的规定性　　　　　　　　　D．历史继承性

8. 下列现象中,可以看出教育对社会发展起促进作用的是（　　）。

   A．死板机械的制度化教育导致大批学生面临"毕业即失业"的局面

   B．普及义务教育在一定程度上满足了机器大生产对高素质劳动力的需求

   C．班级授课制在一定程度上促进了义务教育的普及

   D．学校发展指导中心为学生学业、生涯、个性及社会性的发展提供了便利

9. 世界上最早实施义务教育的国家是（　　）。

   A．德国　　　　　　　　　　　　B．美国

   C．英国　　　　　　　　　　　　D．日本

10. 我国最早规定义务教育阶段的学制是（　　）。

    A．壬寅学制　　　　　　　　　　B．癸卯学制

    C．壬子癸丑学制　　　　　　　　D．壬戌学制

11. 陆游诗云:纸上得来终觉浅,绝知此事要躬行。这体现了德育的（　　）。

    A．导向性原则　　　　　　　　　B．疏导原则

    C．因材施教原则　　　　　　　　D．知行统一原则

12. 明确定义教师为"履行教育教学职责的专业人员"的是（　　）。

    A．《中华人民共和国教师法》

B．《教师资格条例》

C．《中小学教师职业道德规范》

D．《中小学教师资格定期注册暂行办法》

13．教师个体专业化发展最直接、最普遍的途径是（　　）。

　　A．师范教育　　　　　　　　　B．入职辅导

　　C．在职培训　　　　　　　　　D．教师的自我教育

14．学生最基本的权利是（　　）。

　　A．受教育权　　　　　　　　　B．隐私权

　　C．人格尊严权　　　　　　　　D．身心健康权

15．让学生尝试进行手工制作，属于课程目标的（　　）。

　　A．普遍性目标　　　　　　　　B．行为性目标

　　C．生成性目标　　　　　　　　D．表现性目标

16．把教学过程分为情景、问题、观察、解决、应用5个步骤的教育家是（　　）。

　　A．昆体良　　　　　　　　　　B．夸美纽斯

　　C．赫尔巴特　　　　　　　　　D．杜威

17．德国教育家第斯多惠曾说："坏的教师奉送真理，好的教师则教人发现真理。"这体现了教学的（　　）。

　　A．方向性原则　　　　　　　　B．直观性原则

　　C．启发性原则　　　　　　　　D．巩固性原则

18．班主任要把握好时机转化（　　）。

　　A．全体学生　　　　　　　　　B．先进生

　　C．中等生　　　　　　　　　　D．后进生

19．用实验法进行心理学实验研究时，要考虑的三类变量不包括（　　）。

　　A．自变量　　　　　　　　　　B．因变量

　　C．控制变量　　　　　　　　　D．影响变量

20．下列颜色中，不属于三原色的是（　　）。

　　A．红　　　　　　　　　　　　B．黄

　　C．蓝　　　　　　　　　　　　D．绿

21．小倩上次期末考试没考好，她对这种挫败感的记忆属于（　　）。

　　A．形象记忆　　　　　　　　　B．逻辑记忆

　　C．情感记忆　　　　　　　　　D．运动记忆

22．下列不属于非形式逻辑思维的是（　　）。

　　A．动作思维　　　　　　　　　B．形象思维

　　C．抽象思维　　　　　　　　　D．直觉思维

23．雯雯刚转到一个新班级，她很渴望融入这个班级，得到老师和同学们的喜爱。根据马斯洛的需要层次理论，这体现了学生的（　　）。

　　A．生理需要　　　　　　　　　B．安全需要

　　C．自我实现的需要　　　　　　D．归属与爱的需要

24．饥饿、渴、缺氧、睡眠等的需要驱动的动机属于（　　）。

　　A．社会性动机　　　　　　　　B．生理性动机

　　C．权力动机　　　　　　　　　D．交往动机

25．首次提出人格特质理论的是（　　）。

　　A．奥尔波特　　　　　　　　　B．卡特尔

　　C．艾森克　　　　　　　　　　D．弗洛伊德

26．弗洛伊德的人格理论中，遵循"完美原则"的是（　　）。

　　A．本我　　　　　　　　　　　B．自我

　　C．超我　　　　　　　　　　　D．无我

27．下列属于学习现象的是（　　）。

　　A．蚕吐丝　　　　　　　　　　B．蜂酿蜜

　　C．母鸡下蛋　　　　　　　　　D．小狗算术

28. 适合演讲、广播的人际距离是（   ）。

    A．0～0.5 米　　　　　　　　　B．0.5～1.25 米

    C．1.25～3.5 米　　　　　　　　D．3.5 米以上

29. 工作中偷懒的人，总是感觉其他人也在偷懒，自己不偷懒就亏了，这属于（   ）。

    A．首因效应　　　　　　　　　　B．近因效应

    C．晕轮效应　　　　　　　　　　D．投射效应

30. 下列不是心理健康标准的心理特征的是（   ）。

    A．行为正常　　　　　　　　　　B．情绪稳定

    C．人际和谐　　　　　　　　　　D．意志健全

二、判断题（每小题 2 分，共 30 分）

31．"苏湖教法"的核心是分斋教学。（   ）

32．清末以来，西方教学法开始传入中国，最为流行的是设计教学法。（   ）

33．西欧中世纪的教育呈现出强烈的基督教神学色彩。（   ）

34．最初中世纪大学是指一种自治性的教授和学习中心，是一种学者行会。（   ）

35．欧洲历史上第一部空想社会主义著作是《理想国》。（   ）

36．教师的职业角色最大的特征是角色是多重的、不断变化和创新的。（   ）

37．忠实取向是衡量课程实施成功与否的基本标准。（   ）

38．《中华人民共和国教师法》是我国教育史上第一部关于教师的单行法律。（   ）

39．一般来说，强化起到增强学习动机的作用，而惩罚则相反。（   ）

40．情绪并非人类所独有，动物也可以有。（   ）

41．传统智力理论关注的是构成智力的成分和要素。（   ）

42．受教育程度和智力水平较高的人，他们的智力衰退年龄会推迟，衰退速度也比较缓慢。（   ）

43．智力测验可随时由普通教师操作运用。（   ）

44．教师的仪表、风度和行为习惯是建立教师威信的重要因素之一。（   ）

45．心理健康是一个绝对的心理状态。（   ）

三、填空题（每小题 2 分，共 30 分）

46．_____是延续时间最长的洋务学堂，也是我国近代第一所培养海军人才的学校。

47．19 世纪以前，整个英国的高等教育仍然以牛津和_____为主。

48．以基础知识为主要教学内容的普通教育，其主要目标是_____。

49．为促进儿童道德和学校道德教育的发展，柯尔伯格提出了道德讨论法和_____两种方法。

50．_____具有不同于智育、德育、体育和劳动技术教育的独特性。

51．课程目标的基本来源有 3 个方面：学习者的需要、当代社会生活的需求、_____。

52．在现实的教学实践中，基本的师生关系体现为放任型、专制型、_____3 种模式。

53．生成性目标取向的代表人物是_____。

54．了解和研究学生的方法包括观察法、谈话法、材料分析法、_____。

55．颜色具有 3 个基本特征，即色调、明度和_____。

56．注意活动分为无意注意、有意注意和_____。

57．根据马斯洛的需要层次理论，最基本、最有力量的需要是_____。

58．_____是个体基于以往经验，对能否成功的主观判断。

59．影响挫折力的因素主要有体质因素、思想境界、性格特质、生活阅历、_____。

60．重新解释挫折情景，改变受挫主体对挫折情景的认识评价，从而改变挫折体验，称为_____。

四、名词解释（每小题 4 分，共 20 分）

61．教育目的

62．智育

63．课程目标

64．超感知觉

65．心理效应

五、辨析题（每小题20分，共40分）

66. 终身学习不是教师的职责义务。

67. 发展心理学与认知心理学都是研究人的思维发展变化过程的心理学学科。

六、简答题（每小题10分，共50分）

68. 简述赫尔巴特教育的中心思想。

69. 简述我国教育目的的基本要求。

70．简述运用练习法的基本要求。

71．简述思维的类型。

72．简述情商的特征。

七、论述题（共 20 分）

73．论述教育与文化的关系。

八、材料分析题（共 50 分）

74．现象一：学校规定不许迟到早退，班主任张老师也经常在班级里强调，但不少学生仍然上课迟到，张老师就下令让迟到的学生在走廊罚站。

现象二：班里的一位男同学老是不肯完成一周一次的书面作业，每次问他为什么，总有原因，上次说他忘了，这次又说肚子疼，张老师一气之下，不仅让他去办公室反思，并写一份保证书，还对他说："下次再不交作业，就别来上课了。"

现象三：张老师为加大对学生的管理力度，当学生犯错时，立刻通知家长来学校，向家长说学生的种种不足，让家长与自己一起教育学生。

现象四：当发现个别学生在课堂上看课外书时，张老师一般的处理方法是，一是当众没收课外书、批评学生；二是当众撕毁课外书、公开检查；三是暗示制止，事后严惩。

 问题

请分析张老师的做法，并提出解决此类问题的合理建议。

福建省普通高等教育专升本考试用书

教育理论基础
全真模拟试卷
参考答案及精析

福建鹿溪教育研究院 ◎ 编

目 录

教育理论基础全真模拟试卷（一）参考答案及精析..1
教育理论基础全真模拟试卷（二）参考答案及精析..14
教育理论基础全真模拟试卷（三）参考答案及精析..27
教育理论基础全真模拟试卷（四）参考答案及精析..40
教育理论基础全真模拟试卷（五）参考答案及精析..53
教育理论基础全真模拟试卷（六）参考答案及精析..66
教育理论基础全真模拟试卷（七）参考答案及精析..79
教育理论基础全真模拟试卷（八）参考答案及精析..91
教育理论基础全真模拟试卷（九）参考答案及精析..103
教育理论基础全真模拟试卷（十）参考答案及精析..115

教育理论基础

全真模拟试卷（一）

参考答案及精析

一、单项选择题（每小题2分，共60分）

题号	1	2	3	4	5
答案	B	C	A	A	B
题号	6	7	8	9	10
答案	A	B	C	B	C
题号	11	12	13	14	15
答案	C	A	C	D	A
题号	16	17	18	19	20
答案	A	A	D	D	C
题号	21	22	23	24	25
答案	B	A	D	C	A
题号	26	27	28	29	30
答案	A	A	A	C	B

1. 解析： 本题考查中国古代教育传统的相关知识。A选项"学在官府"即一切文化教育事业均为贵族所占有、享受和管理，反映了文化教育的被垄断地位；B选项"小学"实际上是关于贵族的道德行为、基本常识、生活技能和仪态等方面的训练，其特别注重德行培养，以为造就有德行和懂军事的未来统治者打下基础；C选项"大学"为太子、王子，诸侯和卿大夫之长子、嫡亲等贵族子弟所专享，平民中极个别的优秀青年须经过严格的推荐

考核程序才能进入；D 选项"乡学"为在王都郊外六乡行政区中所设的地方学校的统称。此题选 B。

2．解析：本题考查的是魏晋南北朝时期的官学变革。魏晋南北朝时期玄学流行，佛学兴盛，文学、史学快速发展。这对儒学产生冲击，既改变了教育思想的走向，也深刻影响了学校教育的发展。此题选 C。

3．解析：本题考查私塾的类型与性质，难度中等。A 选项"家塾"指的是官宦和殷实人家延聘教师在家中教授子弟；B 选项"学馆"由教书先生在家中或在外借赁场所开办，如"三味书屋"；C 选项"义塾"由私人或社会团体创办，具有公益性质；D 选项"村学"指的是村民联合聘请老师教授子弟。此题选 A。

4．解析：本题考查古代教育的发展与演变。A 选项"神话起源说"是人类关于教育起源的最古老的观点，所有的宗教都持这种观点，但这种观点是错误的、非科学的；B 选项"生物起源说"是第一个正式提出的有关教育起源的学说，其最明显的错误就是把动物的本能等同于教育，否认了教育的社会性和目的性；C 选项"心理起源说"把教育看成简单的模仿，没有认识到教育的目的性，本质上违反的依旧是社会性；D 选项"劳动起源说"认为人类教育起源于劳动，劳动为教育的产生提供了条件与可能性。此题选 A。

5．解析：本题考查中国近现代教育家及其思想理论。A 选项"蔡元培"，毛泽东对其评价是"学界泰斗，人世楷模"；B 选项"黄炎培"是中国近代职业教育的创始人和理论家；C 选项"晏阳初"是中国现代史上著名的教育家、世界平民教育运动与乡村改造运动的倡导者，被称为"世界平民教育运动之父"；D 选项"陶行知"，毛泽东称他为"伟大的人民教育家"，周恩来称他为"一个无保留追随党的党外布尔什维克"，宋庆龄称他为"万世师表"。此题选 B。

6．解析：本题考查的是教育的起源。教育的生物起源说认为，教育是一种生物现象，它的产生完全来自动物的本能，是种族发展的本能需要，而不是人类所特有的社会现象。"大猫教小猫捕鼠，大鸭教小鸭游水"都属于教育行为。此题选 A。

7．解析：本题考查外国近代教育家及其思想理论。A 选项《人是教育的对象》是 19 世纪俄国著名教育家、俄罗斯国民学校和教育科学奠基人乌申斯基的代表作；B 选项《大教学论》是 17 世纪捷克著名的爱国主义者、民主主义教育实践家和理论家夸美纽斯的代表作，是教育学开始成为一门独立学科的标志，被认为是近代第一本教育学著作；C 选项《母育学校》是西方教育史上第一部学前教育专著；D 选项《世界图解》是西方历史上第一部依据直观原则编写的对幼儿进行启蒙教育的看图识字的课本。此题选 B。

8．解析：本题考查教育的社会属性。教育是有目的、有计划、有组织地培养人的社会实践活动。此题选 C。

9．解析：本题考查的是教育的基本形态。正规教育与非正规教育二者被合称为正式教育。除了正式教育，还有一种非正式的学习方式，即非正式教育。它不受任何形式的约束，可以自由地在日常生活和工作中进行，而且是偶发性的。在图书馆、博物馆进行读书或参观、考察等活动属于非正式教育。此题选 B。

10. 解析：本题考查的是教育目的与教育方针的关系。教育的目的在于培养具有良好道德品质和社会责任感的人。因此，我们必须清楚地认识到，我们应该用什么样的标准来衡量我们的教育，以及培养什么样的人。此题选 C。

11. 解析：本题考查我国义务教育的确立和发展。1986 年，我国颁布《中华人民共和国义务教育法》，规定我国实行九年制义务教育。这标志着我国确立了义务教育制度，也标志着我国基础教育发展到一个新阶段。此题选 C。

12. 解析：本题考查德育原则的基本概念及具体要求，难度中等。A 选项"尊重信任学生与严格要求学生相结合的原则"指的是教育者既要尊重和信任学生，又要对学生提出严格的要求，把"严"和"爱"有机地结合起来，促使教育者的合理要求转化为学生的自觉行动；B 选项"教育影响的一致性和连贯性原则"指的是教育者应主动协调多方教育力量，统一认识和步调，有计划、系统、前后连贯地教育学生，发挥教育的整体功能，培养学生形成良好的思想品质；C 选项"发扬积极因素、克服消极因素原则"又称长善救失原则，指的是教育者要一分为二地看待学生，依靠学生的积极因素，克服消极因素，因势利导，化消极因素为积极因素；D 选项"集体教育与个别教育相结合原则"指的是教育者要善于组织和教育学生热爱集体，并依靠集体教育每个学生，同时，通过对个别学生的教育，促进集体的形成和发展，集体教育和个别教育有机结合起来。此题选 A。

13. 解析：本题考查的是教师劳动的特点。教师劳动的长期性是指人才培养的周期比较长，教育的影响具有迟效性。此题选 C。

14. 解析：本题考查的是教师的职业道德。根据《中小学教师职业道德规范》，教书育人是教师的天职。此题选 D。

15. 解析：本题考查的是教师的权利及具体表现。A 选项"教育教学权"是教师的最基本权利，具体表现为教师进行教育教学活动，开展教育教学改革和实验；B 选项"学术研究权"具体表现为教师从事科学研究、学术交流，参加专业的学术讲座，在学术活动中充分发表意见；C 选项"指导评价权"具体表现为教师指导学生的学习和发展，评定学生的品行和学业成绩；D 选项"报酬待遇权"具体表现为教师按时获取工资报酬，享受国家规定的福利待遇及寒暑假的带薪休假。此题选 A。

16. 解析：本题考查课程评价的相关知识。A 选项"决策性评价"一般是由教育行政部门召集专业人士开展的课程评价；B 选项"研究性评价"一般是课程理论工作者为了实施或改进新课程而对现行课程所进行的评价；C 选项"工作性评价"一般是教师针对课程对学生的影响是否达到了既定目的而进行的判断；D 选项"形成性评价"是在课程开发或实施实验期所进行的评价。此题选 A。

17．解析： 本题考查的是西方教育家及其思想理论。A 选项"昆体良"把教学过程分为模仿、讲述、练习 3 个步骤；B 选项"夸美纽斯"把教学过程分为感觉、记忆、理解、判断 4 个步骤；C 选项"赫尔巴特"把教学过程分为明了、联想、系统、方法 4 个步骤；D 选项"杜威"把教学过程分为情景、问题、观察、解决、应用 5 个步骤。此题选 A。

18．解析： 本题考查教学原则的内涵。A 选项"方向性原则"是指教学要以马克思主义为指导，分析和理解教学内容；B 选项"直观性原则"是指在教学中教师应向学生呈现所学知识的实物或模像等，并引导学生直接观察；C 选项"循序渐进原则"又称系统性原则，是指按照学科课程体系和学生身心发展规律，持续、连贯地实施教学，引导学生逐步地、系统地掌握基础知识和基本技能；D 选项"巩固性原则"是指教学应引导学生在理解的基础上，牢固地掌握所学知识并加深和提升已有的技能，在需要运用时能迅速再现出来。此题选 D。

19．解析： 本题考查班级的发展历史，难度中等。A 选项"斯宾塞"是英国著名的实证主义者，反对思辨，主张科学只是对经验事实的描写和记录；B 选项"涂尔干"是近代法国著名的社会学家和教育家；C 选项"第斯多惠"是德国著名的资产阶级民主主义教育家，被誉为"德国师范教育之父"；D 选项"夸美纽斯"，在 17 世纪从理论上阐明了班级这一学校组织制度，被公认为班级授课制的奠基人。此题选 D。

20．解析： 本题考查的是班主任了解和研究学生的方法。调查法是班主任通过书面问卷调查、心理测验，以及访问家长、教师、同学等方式了解和研究学生的方法。李老师通过联系小明家长了解小明在校期间状态不佳的原因，属于访问家长，因此是调查法。此题选 C。

21．解析： 本题考查的是心理学的发展简史。1879 年，德国心理学家冯特在莱比锡大学建立了世界上第一个心理学实验室，使得这门学科从哲学中脱离出来，并最终发展成为一门独立的学科。此题选 B。

22．解析： 本题考查的是肤觉。根据相关研究，32℃左右的温度刺激并不会使人产生冷或热的感觉，所以这个温度又叫作生理零点。此题选 A。

23．解析： 本题考查的是视觉的适应功能。视觉适应的表现可分为明适应和暗适应。题目中所述现象属于暗适应。此题选 D。

24．解析： 本题考查的是记忆的类型。运动记忆是以做过的运动或动作为内容的记忆，记得体育课上学会的武术套路属于运动记忆。此题选 C。

25．解析： 本题考查马斯洛需要层次理论。A 选项"生理需要"是维持个体生存与种族延续的需要；B 选项"安全需要"体现在人们对稳定、安全、可靠性和秩序的追求上；C 选项"归属与爱的需要"是人作为社会性动物，渴望归属于某个群体并被他人或群体接纳、支持和认可的需要；D 选项"尊重的需要"包括自尊和希望受到他人尊重的需要。马斯洛认为，需要的层次越低，它的力量越强、潜能越大。此题选 A。

26. 解析： 本题考查的是班杜拉的自我效能感理论。根据班杜拉的自我效能感理论，影响自我效能感的最主要因素是个体的成败经验。此题选 A。

27. 解析： 本题考查的是情绪的生理唤醒。生理唤醒是指情绪产生的生理反应。此题选 A。

28. 解析： 本题考查的是婴儿依恋的类型及其特点。婴儿的依恋类型分为安全型、回避型、反抗型，其中，安全型依恋是一种良好、积极的依恋类型。B 选项和 D 选项都是不安全型依恋，是消极的、不良的依恋类型；C 选项不属于婴儿的依恋类型。此题选 A。

29. 解析： 本题考查人际距离的相关常识。A 选项"0～0.5 米"是亲密距离，通常在人与人之间最为亲密的情况下存在；B 选项"0.5～1.25 米"是个体距离，适用于一般的社交情况；C 选项"1.25～3.5 米"是社会距离，通常适用于正式的社交场合；D 选项"3.5 米以上"是公共距离，通常适用于更为正式和公共的场合。此题选 C。

30. 解析： 本题考查人际沟通的分类。根据人际沟通的场合、对象、过程及目的，可以将人际沟通做如下分类：正式沟通与非正式沟通，向上沟通、向下沟通与平行沟通，单向沟通和双向沟通，口头沟通与书面沟通。此题选 B。

二、判断题（每小题 2 分，共 30 分）

题号	31	32	33	34	35
答案	√	√	√	√	√
题号	36	37	38	39	40
答案	√	√	√	√	×
题号	41	42	43	44	45
答案	×	×	×	√	√

31. 解析： 本题考查北宋三次兴学的相关知识。北宋三次兴学，第一次为"庆历兴学"，由范仲淹于宋仁宗庆历四年发起；第二次为"熙宁兴学"，由王安石于宋神宗熙宁四年发起；第三次为"崇宁兴学"，由蔡京于宋徽宗崇宁元年发起。此题正确。

32. 解析： 本题考查的是儒家教育思想。孔子是世界上最早提出启发式教学的教育家，比古希腊教育家苏格拉底提出的"助产术"早几十年。此题正确。

33. 解析： 本题考查的是荀子的教育思想。在先秦儒家诸子中，荀子最为提倡尊师重教,提出"天地君亲师",并将教师作为治国之本。在师生关系上,其特别强调学生对老师的尊敬和绝对服从。此题正确。

34. **解析**：本题考查近代教育宗旨。1906年,清末学部第一次正式颁布了教育宗旨,即"忠君、尊孔、尚公、尚武、尚实",该宗旨依然没有跳出"中体西用"的框架。此题正确。

35. **解析**：本题考查的是古埃及的教育。在古埃及的各类学校,教师主要由政府官吏和僧侣等担任,敬学重师成为社会风尚,教师享有较高的社会地位。此题正确。

36. **解析**：本题考查17世纪至19世纪英国的初等教育。1870年,英国政府颁布《初等教育法》,将发展初等教育视为国家的职责,标志着英国国民教育制度的正式形成。此题正确。

37. **解析**：本题考查杜威的教育思想。杜威是美国著名教育家,主张教育即生活,教育即生长,教育即经验的改造。此题正确。

38. **解析**：本题考查德育的基本方法。选择德育方法的依据主要有德育目标、德育内容,以及学生的年龄特点和个性差异等多方面。此外,还要考虑所面对的时代特征、学生的思想实际、学校和教师的实际情况,以及文化传统的作用。此题正确。

39. **解析**：本题考查的是布卢姆认知领域分类法。布卢姆按照学习所要实现的目标,将学习分成认知、情感、动作技能3个领域。这种分类方法称为布卢姆认知领域分类法。其中,认知领域的学习最广为人知。此题正确。

40. **解析**：本题考查的是班集体的概念。一个班的学生不是一群孩子的偶然会合,而是按照一定的教育目的、教学计划和教育要求组织起来的学生群体。但是一个班的学生群体不能被称为真正的班集体,因为由班群体发展为班集体是一个提高的过程。具体而言,集体是群体发展的高级阶段,即班集体是班群体发展到一定水平的结果。此题错误。

41. **解析**：本题考查的是听觉。音高主要是由声波频率所决定的听觉特征。声音较尖,声波频率高;声音较低沉,声波频率低。由声波的振幅所决定的听觉特征是响度。此题错误。

42. **解析**：本题考查的是个体意识与个体无意识。自我意识是由人的认知、情感、情绪、动机等组成的稳定和丰富的内在世界,是对外部刺激和内部刺激的觉知。自我意识活动包括对外部事物的觉知、对内部刺激的觉知、对自身体验的主观性的觉知、对内部心理活动的觉知等方面。自我意识是人的心理的重要特点,是个体在一定发展阶段才出现的。此题错误。

43. **解析**：本题考查的是马斯洛的需要层次理论。马斯洛认为,需要的层次越低,它的力量越强、潜能越大。只有在较低层次的需要得到满足或部分满足后,较高层次的需要才会被激发出来。同一时期,个体的需要可能是多样的,但总有一种需要处于支配地位、起决定性作用。较低层次的需要不会因较高层次的需要的发展而消失，只是减弱了对个体行为的影响力。此题错误。

44．解析：本题考查的是多元智力理论。加德纳认为，人类的智力由8种相对独立的智力系统构成，包括言语—语言智力、音乐—节奏智力、逻辑—数理智力、视觉—空间智力、身体—动觉智力、自知—自省智力、交往—交流智力、自然观察智力。此题正确。

45．解析：本题考查的是感知觉的发展。人认识客观世界是从感知觉开始的，其也是儿童高级认知活动发展的基础。在婴儿的认知发展中，最先、最快发展的是感知觉。此题正确。

三、填空题（每小题2分，共30分）

46．私学

解析：本题考查私学发展对我国教育史、文化史的影响。私学的兴起和发展打破了"学在官府"的传统。春秋战国时期，私学的发展是我国教育史、文化史上的一个重要里程碑。

47．《钦定学堂章程》

解析：本题考查近代教育体制的初步建立，难度中等。1902年，张百熙主持并制定了一系列学制文件，合称《钦定学堂章程》，又称"壬寅学制"。这是中国近代第一个正式颁布的法定学制，也是中国近代新教育制度的开端，但"壬寅学制"因存在诸多不足而未能实施。

48．设计教学法

解析：本题考查的是学校教学方法的改革试验。清末以来，西方教学法开始传入中国，最为流行的是赫尔巴特的"五段教学法"。20世纪20年代初，各种教学法相继传入中国。其中，设计教学法和道尔顿制对我国中小学的教学影响最大。

49．干部教育

解析：本题考查的是干部教育的创新。中国共产党在革命斗争中始终清醒地认识到，强有力的干部队伍是取得胜利的重要保障，因此非常重视干部教育。在整个根据地和解放区斗争期间，中国共产党始终把干部教育放在各项教育工作的首位。

50．《母育学校》

解析：本题考查夸美纽斯教育思想。夸美纽斯提出了泛智教育思想，其著作《母育学校》是西方教育史上第一部学前教育专著。

51．"学会关心"

解析：本题考查的是体谅模式，难度中等。体谅模式由英国学者麦克菲尔及其同事所创，也被称作"学会关心"德育模式。

52．唐代

解析：本题考查课程的基本概念。唐代的孔颖达在为《诗经·小雅·巧言》中的"奕奕寝庙，君子作之"注疏时提道："教护课程，必君子监之，乃得依法制。"这被认为是"课程"一词在我国最早的出处。

53．社会心理

解析：本题考查的是个体心理与社会心理。人的心理活动可以被划分为个体心理和社会心理两个方面。人的整个心理过程包括彼此相互联系且相互影响的认知、情感与意志 3 个方面。同时，这 3 个方面存在着个体差异。

54．代替率

解析：本题考查的是颜色混合的规律。颜色混合的规律包括：互补法，若两种颜色混合之后呈现为白色或灰色，则这两种颜色就为互补色；间色律，通过混合两种非互补色，可以形成一个介于两者之间的中间色；代替率，不同颜色混合所形成的相同颜色可以相互取代。

55．精神需要

解析：本题考查的是人的需要的类别。人的需要是复杂多样的，按起源可分为自然需要和社会需要，按指向对象可分为物质需要和精神需要。

56．文化区域色彩

解析：本题考查的是情感与情绪的区别。情绪是一种精神活动，它并非人类所独有，动物也可以有，但是两者的情绪机理有所不同。人类的情绪除了产生生理反应，还有特定的文化区域色彩。情感是人类固有的生理模式，是适应环境的结果。情感属性为人类所独有。

57．65 岁

解析：本题考查的是智力发展的一般规律。研究表明，人类的智力并非匀速增长，儿童大脑发育的两个加速期是 5~6 岁和 13~14 岁。不同性质的智力，在衰退程度上有所不同。例如，操作能力、手眼协调能力等大致从 33 岁开始衰退，到 65 岁衰退的速度加快；而写作能力则在 65 岁后才开始衰退。受教育程度和智力水平较高的人，其智力衰退年龄会推迟，衰退速度也较缓慢。

58．力比多

解析：本题考查的是弗洛伊德关于人格发展的动力。弗洛伊德认为，人类一切行为的最主要的动力是力比多，它是个体生本能中的性本能。性本能往往会与社会文化冲突而使人产生焦虑。

59. 心理自我

解析：本题考查的是自我意识及其发展。自我意识是指作为主体的"我"对自己的各个方面的认知，以及自己与周围关系的认知。自我意识包括自我认识、自我体验和自我监控。自我意识发展可以分为3个阶段：生理自我、社会自我和心理自我。

60. 动作技能

解析：本题考查的是布卢姆认知领域分类法。布卢姆按照学习所要实现的目标，将学习分成认知、情感、动作技能3个领域。这种分类方法称为布卢姆认知领域分类法。其中，认知领域的学习最广为人知。

四、名词解释（每小题 4 分，共 20 分）

61. 解析：本题考查三民主义的概念。

"三民主义"是孙中山提出的资产阶级民主革命的纲领，即民族主义、民权主义和民生主义。1929年4月，《中华民国教育宗旨及其实施方针》的颁布，使"三民主义"教育宗旨终告形成。

62. 解析：本题考查学校教育制度的概念。

作为国民教育制度的核心，学校教育制度是一个国家各级各类学校的总体系，具体规定各级各类学校的性质、任务、目的、要求、入学条件、修业年限及其之间的关系，体现了一个国家国民教育制度的实质。

63. 解析：本题考查美育的内涵。

美育，又称审美教育，是运用艺术美、自然美和社会生活美培养受教育者正确的审美观和感受美、鉴赏美、创造美的能力的教育。美育是全面发展教育的重要组成部分，与德育、智育、体育、劳动技术教育相辅相成、相互促进。

64. 解析：本题考查课程实施的概念。

课程实施从本质上是将课程理想变成现实的过程。具体来说，课程实施是把经过精心设计和编制的课程计划，借助教师与学生的共同执行与积极开发，切实落实到具体的教育教学实践之中。

65. 解析：本题考查错觉的含义。

错觉是指人对客观事物的不客观的知觉，在客观事物的强烈刺激下所产生的主观扭曲的知觉，常见的有形状错觉、大小错觉、方位错觉、时间错觉等。

五、辨析题（每小题20分，共40分）

66. 解析： 本题考查我国古代私学的兴起。上述观点不准确。

春秋时期，官学逐渐衰落，出现了"天子失官，学在四夷"，学术扩散于社会，教育下移于民间。（5分）

私学发端于春秋中期，到春秋末期呈现初步繁荣，战国时期达到兴盛。（5分）

私学的兴起和发展打破了"学在官府"的传统。（5分）春秋战国时期，私学的发展是我国教育史、文化史上的一个重要里程碑。（5分）

67. 解析： 本题考查感觉与知觉的概念及区别。上述观点不准确。

感觉是感觉器官对外部刺激的反应，是对直接作用于感觉器官的客观事物的个别属性的反应。（5分）

知觉则是经过人脑对感觉器官收到的信息进行加工和解释，从而形成的对事物整体的认识。（5分）

知觉以感觉为依据，但不是对感觉信息的简单组合。（5分）知觉是个体根据知识经验，按一定的模式来整合个别感觉信息，并做出整体解释。（5分）

六、简答题（每小题10分，共50分）

68. 解析： 本题考查教育对经济发展的作用。

答案要点：

教育能再生产经济发展所需的劳动力。（2分）

利用生产技术实现教育的再生产。（2分）

教育直接产生科学技术。（2分）

教育在创造人文环境、培育人文精神的同时，也为经济发展提供了道德、文化基础。（2分）

教育事业的发展对拉动内需有一定的促进作用。（2分）

69. 解析： 本题考查我国现行学制改革和完善的方向。

答案要点：

根据我国教育改革和发展的实际情况，在现阶段及未来较长一段时期内，我国现行学制还需要继续改革与完善，以适应社会发展对教育的需求。（2分）

适度发展学前教育。(2分)

均衡发展义务教育。(2分)

继续调整中等教育结构。(2分)

大力发展高等教育。(2分)

70. **解析**：本题考查教科书编写的原则。

答案要点：

在内容上应保证科学性，体现思想性。(2分)

在难度上应注重基础性。(2分)

在编排上应注意知识的内在逻辑性。(2分)

还应考虑教材对学生和学校的普遍适用性。(2分)

兼顾同年级各门学科内容之间的关系和同一学科各年级教材知识与能力之间的衔接。(2分)

71. **解析**：本题考查运用读书指导法的基本要求。

答案要点：

读书指导法的特点是既强调学生自主地读，又强调教师指导学生进行阅读。教师指导学生阅读，一般从指导阅读教科书开始。在此基础上，教师还需要指导学生阅读课外读物。(2分)

运用读书指导法的基本要求：

提出明确的目的、要求和相应的学习任务。(2分)

教给学生读书的方法。(2分)

加强评价和指导。(2分)

适当组织学生交流读书心得。(2分)

72. **解析**：本题考查问题解决教学策略的实施步骤。

答案要点：

详细分析并讨论问题。(2分)

指导学生正确表征问题。(2分)

指导学生选择解决问题的有效方法。(2分)

训练学生对解题过程进行监控和反思。(2分)

通过"大声思维"，提供专家示范。(2分)

七、论述题（共20分）

73. 解析：本题考查教育与政治的关系。

答案要点：

政治是阶级利益的集中反映。在阶级社会里，掌握生产资料的阶级一定要通过政治组织机构、法律制度、思想意识及其他行政手段来控制教育，使教育更好地为本阶级利益服务。这从一定意义上也说明了教育对政治发展起着重要作用。（4分）

政治制度对教育的影响。

首先，政治制度决定教育的领导权。国家利用政权的力量，掌握教育的领导权，决定教育工作的发展方向。（2分）

其次，受教育权是由政治制度所决定的。是否有权接受教育、接受何种教育均取决于一个社会的政治制度。（2分）

最后，政治制度决定教育目的的性质和思想品德教育的内容。在教育上要培养什么样的人、要让受教育者拥有什么样的思想道德和政治方向，以及为了达到教育目标要制定什么样的政治、哲学、道德的教育内容，这些都是由政治制度所决定的。（4分）

教育对政治的作用。

第一，教育能为政治培养所需要的人才。（2分）

第二，教育有利于政治民主的发展。（2分）

第三，教育通过宣传，能够正向影响群众，对社会安定起到一定的作用。教育对政治最基本的作用，就是以教育的方式来宣传一定阶级和政党的政治纲领、方针、路线和政策。（2分）

第四，在各个时期，师生都是维护社会稳定、推动社会转型的骨干力量。（2分）

八、材料分析题（共50分）

74. 解析：本题考查夸美纽斯与卢梭的教育思想。夸美纽斯主张教育适应自然原则，教育可以发展人的天赋，培养健全的人；卢梭主张教育的核心是回归自然，教育目标是培养"自然人"，他提出了儿童本位论。考生可运用这些理论对材料进行分析作答。

答案要点：

（1）这两段材料表达了自然主义的教育思想。（5分）夸美纽斯主张教育适应自然原则。（5分）卢梭认为教育的核心是回归自然。（5分）

（2）夸美纽斯的教育适应自然原则主要包括两个方面：一是教育要遵循自然的普遍规律；（5分）二是依据人的自然本性和儿童年龄特征进行教育。（5分）卢梭认为遵循自然的教育必然是自由的教育，应注重儿童的个性发展，同时还要注意儿童的个性差异，尊重儿童独有的个性。（5分）通过材料可以看出，只有在很好地了解了儿童的个性之后，我们才能对其进行指导，否则是不利于儿童发展的。（5分）

在教育实践中，我们应借鉴自然主义教育思想的合理之处。（5分）在教学中遵循学生身心发展的个体差异性规律，贯彻因材施教的教学原则；（5分）遵循学生身心发展的顺序性规律，贯彻循序渐进和量力而行的教学原则。（5分）

（言之有理可酌情给分）

教育理论基础

全真模拟试卷（二）

参考答案及精析

一、单项选择题（每小题2分，共60分）

题号	1	2	3	4	5
答案	C	A	C	A	A
题号	6	7	8	9	10
答案	D	C	C	D	C
题号	11	12	13	14	15
答案	A	A	B	B	A
题号	16	17	18	19	20
答案	D	C	B	A	D
题号	21	22	23	24	25
答案	D	A	A	B	D
题号	26	27	28	29	30
答案	A	B	D	A	C

1. 解析：本题考查的是中国古代教育传统。A选项"学在官府"即一切文化教育事业均为贵族所占有、享受和管理，反映了文化教育的被垄断地位；B选项"小学"实际上是关于贵族的道德行为、基本常识、生活技能和仪态等方面的训练，其特别注重德行培养，以为造就有德行和懂军事的未来统治者打下基础；C选项"大学"为太子、王子，诸侯和卿大夫之长子、嫡亲等贵族子弟所专享，平民中极个别的优秀青年须经过严格的推荐考核

程序才能进入；D 选项"乡学"为在王都郊外六乡行政区中所设的地方学校的统称。此题选 C。

2. **解析**：本题考查的是我国古代私学的兴起。春秋时期官学逐渐衰落，学术扩散于社会，教育下移于民间，出现了"天子失学，学在四夷"。此题选 A。

3. **解析**：本题考查私塾的类型与性质，难度中等。A 选项"家塾"指的是官宦和殷实人家延聘教师在家中教授子弟；B 选项"学馆"由教书先生在家中或在外借赁场所开办，如"三味书屋"；C 选项"义塾"由私人或社会团体创办，具有公益性质；D 选项"村学"指的是村民联合聘请老师教授子弟。此题选 C。

4. **解析**：本题考查的是我国近代教育的发展与演变。A 选项"京师同文馆"是第一所洋务学堂，也是我国最早的官办新式学堂，率先采用班级授课制；B 选项"湖南时务学堂"（湖南大学前身之一）是中国近代资产阶级维新派创办的新式学堂；C 选项"福建船政学堂"是我国近代第一所培养海军人才的学校，是延续时间最长的洋务学堂；D 选项"上海广方言馆"成立于 1863 年，是由李鸿章仿照京师同文馆在上海设立的一所新式学堂，初称"上海同文馆"，1867 年改名为"上海广方言馆"。此题选 A。

5. **解析**：本题考查的是近代教育体制的探索。早期改良派是地主阶级改革派的继续和发展，是维新派的直接先驱。他们提出"兵战不如商战，商战不如学战"的思想，要求对政治、经济、文化教育进行全面改革。此题选 A。

6. **解析**：本题考查外国古代教育家及其思想理论。A 选项"培养和造就哲学家"是柏拉图倡导的教育目的；B 选项"追求美德"是亚里士多德倡导的教育目的；C 选项"培养具有良好修养的雄辩家"是昆体良倡导的教育目的；D 选项"培养通晓专业政治知识、掌握政治技能、具备高尚品德的政治家"是苏格拉底倡导的教育目的。此题选 D。

7. **解析**：本题考查中国近现代教育家及其思想理论，难度中等。A 选项"蔡元培"，毛泽东对其评价是"学界泰斗，人世楷模"；B 选项"黄炎培"是中国近代职业教育的创始人和理论家；C 选项"晏阳初"是中国现代史上著名的教育家、世界平民教育运动与乡村改造运动的倡导者，被称为"世界平民教育运动之父"；D 选项"陶行知"，毛泽东称他为"伟大的人民教育家"，周恩来称他为"一个无保留追随党的党外布尔什维克"，宋庆龄称他为"万世师表"。此题选 C。

8. **解析**：本题考查外国近代教育家及其思想理论。A 选项《人是教育的对象》是 19 世纪俄国著名教育家、俄罗斯国民学校和教育科学奠基人乌申斯基的代表作；B 选项《大教学论》是 17 世纪捷克著名的爱国主义者、民主主义教育实践家和理论家夸美纽斯的代表作，是教育学开始成为一门独立学科的标志，被认为是近代第一本教育学著作；C 选项《母育学校》是西方教育史上第一部学前教育专著；D 选项《世界图解》是西方历史上第一部依据直观原则编写的对幼儿进行启蒙教育的看图识字的课本。此题选 C。

9. **解析**：本题考查教育的社会属性。教育要继承与发扬本民族的文化。教育应该被视为一种传承和发展本民族文化的过程，这是其历史特征。此题选 D。

10. **解析**：本题考查的是教育与社会发展的关系。教育目标的设定受到社会生产力和科学技术水平的制约，它们反映了当下社会发展的特点并且体现出不同时期的需求。此题选 C。

11. **解析**：本题考查的是影响个体身心发展的主要因素。"虎父无犬子"比喻出色的父亲不会生出一般的孩子，体现了遗传因素对个体身心发展有很大的影响。此题选 A。

12. **解析**：本题考查中国近代的主要学制，难度中等。A 选项"壬寅学制"又称《钦定学堂章程》，是中国近代第一个以中央政府名义制定的全国性学制系统；B 选项"癸卯学制"又称《奏定学堂章程》，是中国近代由政府颁布并首次得到施行的全国性法定学制，较"壬寅学制"更为系统、详备；C 选项"壬子癸丑学制"又称"1912—1913 学制"，是民国的第一个学制，比较全面地反映了资产阶级对教育的要求；D 选项"壬戌学制"又称"六三三"制，是中国近代史上实施时间最长、影响最大的学制。此题选 A。

13. **解析**：本题考查的是教师劳动的特点。教师劳动的连续性是指时间的连续性，体现在教师的劳动没有严格的交班界限，不局限于规定的八小时工作时间内，在上班时间之外依然在工作。此题选 B。

14. **解析**：本题考查的是教师的职业道德。根据《中小学教师职业道德规范》，爱岗敬业是教师职业的本质要求。此题选 B。

15. **解析**：本题考查的是教师的权利及具体表现。A 选项"教育教学权"是教师的最基本权利，具体表现为教师进行教育教学活动，开展教育教学改革和实验；B 选项"学术研究权"具体表现为教师从事科学研究、学术交流，参加专业的学术讲座，在学术活动中充分发表意见；C 选项"指导评价权"具体表现为教师指导学生的学习和发展，评定学生的品行和学业成绩；D 选项"报酬待遇权"具体表现为教师按时获取工资报酬，享受国家规定的福利待遇及寒暑假的带薪休假。此题选 A。

16. **解析**：本题考查的是课程的类型。隐性课程是指在学校中以间接的、内隐的方式呈现的课程。学生在学校环境中通过隐性课程无意识地获取经验、人生观、价值观、世界观等意识形态内容和文化影响。隐性课程包括观念性隐性课程、物质性隐性课程、制度性隐性课程、心理性隐性课程。此题选 D。

17. **解析**：本题考查课程评价的相关内容。A 选项"决策性评价"一般是由教育行政部门召集专业人士开展的课程评价；B 选项"研究性评价"一般是课程理论工作者为了实施或改进新课程而对现行课程所进行的评价；C 选项"工作性评价"一般是教师针对课程对学生的影响是否达到了既定目的而进行的判断；D 选项"形成性评价"是在课程开发或实施实验期所进行的评价。此题选 C。

18. 解析：本题考查的是西方教育家及其思想理论。A 选项"昆体良"把教学过程分为模仿、讲述、练习 3 个步骤；B 选项"夸美纽斯"把教学过程分为感觉、记忆、理解、判断 4 个步骤；C 选项"赫尔巴特"把教学过程分为明了、联想、系统、方法 4 个步骤；D 选项"杜威"把教学过程分为情景、问题、观察、解决、应用 5 个步骤。此题选 B。

19. 解析：本题考查的是班级的含义。班级作为制度性的存在，是一种社会正式组织；是教育者开展教育活动、学习者进行学习活动、班级成员相互作用与交往等的学校教育基层组织。此题选 A。

20. 解析：本题考查的是心理学的流派。心理学家马斯洛和罗杰斯在 20 世纪 50 年代创立人本主义心理学，该学派既反对精神分析仅仅以精神病人的异常行为为研究基础，又反对行为主义仅仅以动物和儿童的心理现象为研究基础，抨击环境决定论。它被称为现代心理学的第三势力。此题选 D。

21. 解析：本题考查的是肤觉。温度觉包括冷觉、温觉和热觉，刺激温度的范围一般是-10℃～60℃，但当超过这个范围时人不会产生温度觉，而会产生痛觉。此题选 D。

22. 解析：本题考查的是记忆的抑制作用。根据艾宾浩斯遗忘曲线定理，当识记者先学习的材料对后学习的材料的记忆效果产生影响时，称为前摄抑制；而当识记者后学习的材料对先学习的材料的记忆效果产生影响时，称为倒摄抑制。此题选 A。

23. 解析：本题考查思维的类型。A 选项"动作思维"是以实际动作来支撑思维过程的思维；B 选项"形象思维"是需要依靠实物的具体形象和表象来运作的思维；C 选项"抽象思维"是以概念、判断、推理等形式进行的思维；D 选项"非形式逻辑思维"是没有明确逻辑形式或不遵照明确逻辑规则的思维。此题选 A。

24. 解析：本文考查的是言语理解。独白言语是个人独自进行的，与叙述思想、情感相联系的，较长而连贯的言语。儿童给布娃娃讲故事是个人独自进行的言语活动，因此属于独白言语。此题选 B。

25. 解析：本题考查的是情绪的功能。A 选项"社会功能"指的是在人际交往中，情绪是个体间进行沟通交流的重要信号；B 选项"组织功能"指的是情绪系统对其他心理活动的影响；C 选项"动机功能"指的是情绪是动机系统的组成部分，具有动机功能；D 选项"适应功能"指的是在有机体生存、发展的过程中，情绪是一种重要的适应方式。此题选 D。

26. 解析：本题考查的是智力测验的类型。瑞文智力测验属于团体智力测验，其他 3 种都属于个别智力测验。此题选 A。

27. 解析：本题考查埃里克森人格发展阶段理论。A 选项"信任对不信任"是婴儿期（0～1.5 岁）发展面临的主要冲突；B 选项"自主对羞愧、怀疑"是儿童早期（1.5～3 岁）发展面临的主要冲突；C 选项"主动对内疚"是学龄前期（3～6 岁）发展面临的主要冲突；

D 选项"勤奋对自卑"是学龄期（6～12 岁）发展面临的主要冲突。此题选 B。

28．解析：本题考查的是认知主义学习理论。奥苏贝尔主张，学生最主要的学习方式是接受学习。此题选 D。

29．解析：本题考查人际沟通的特点。沟通双方在沟通过程中发生的不是简单的信息运动，而是对信息的积极交流和理解。因此，人际沟通是一种积极的、复杂的沟通过程，B 选项错误；人际沟通可能会因为沟通双方的社会认知差异、心理差异、文化差异等产生障碍，导致沟通失败。此外，人际沟通还受到个体需求和互动动机的影响，C 选项错误；在人际沟通的过程中，沟通双方在交换信息的过程中，在心理上和行为上相互影响，促使双方的思想、态度、行为及关系发生变化，若沟通不当，则可能会造成双方关系疏远甚至恶化，D 选项错误。此题选 A。

30．解析：本题考查的是学校心理辅导的主要途径。本题中所说的方法，是在学科课程教育中渗透心理辅导。学科课程教育是教师最主要、最基础的教学方式之一。学生获取知识、开发技能、养成人格、学会方法主要是通过接受学科课程教育实现的。在学科课程教育中渗透心理辅导有时间上与空间上的优越性，能够使心理辅导在校园里得到有效的开展。此题选 C。

二、判断题（每小题 2 分，共 30 分）

题号	31	32	33	34	35
答案	×	√	√	×	√
题号	36	37	38	39	40
答案	√	√	√	√	√
题号	41	42	43	44	45
答案	√	×	√	√	√

31．解析：本题考查私学的兴起。私学发端于春秋中期，春秋末期呈现初步繁荣，战国时期达到兴盛。此题错误。

32．解析：本题考查的是我国古代中央政府教育行政管理机构的建立。隋唐以前，中央政府没有专门主管学校教育的机构与官员，教育相关职事通常隶属太常寺。为适应教育事业的发展需要，国子寺从太常寺中独立出来，之后又改称国子监。国子监为中央政府教育行政管理机构，同时也是国家最高学府，兼有教育管理和人才培养两个方面的职能。此题正确。

33. 解析：本题考查的是国民政府的教育建设。"三民主义"是孙中山提出的资产阶级民主主义革命的纲领，即民族主义、民权主义和民生主义。此题正确。

34. 解析：本题考查的是外国近代教育家及其思想理论。斯宾塞的教育代表作是《教育论》，洛克的教育代表作是《教育漫话》。此题错误。

35. 解析：本题考查外国近代教育家及其思想理论。乌申斯基是19世纪俄国著名教育家、俄罗斯国民学校和教育科学的奠基人。此题正确。

36. 解析：本题考查非正规教育的含义。非正规教育旨在为成年人、青年文盲、失学儿童等提供全面的教育，并且涵盖了各种实用的生活技能培训、职业技能培训、社会文化素养培训等。此题正确。

37. 解析：本题考查我国现行学制。从形态上看，我国现行学制是从单轨学制发展而来的分支型学制。此题正确。

38. 解析：本题考查我国劳动技术教育的内容。我国劳动技术教育的内容可概括为生产劳动与技术、家政与家务劳动、公益性劳动。此题正确。

39. 解析：本题考查的是国家对教师专业标准的要求。根据国家相关法律规定，教师专业标准的基本内容包括专业理念与师德、专业知识和专业能力3个维度。此题正确。

40. 解析：本题考查课程的基本概念。唐代的孔颖达在为《诗经·小雅·巧言》中的"奕奕寝庙，君子作之"注疏时提道："教护课程，必君子监之，乃得依法制。"这被认为是"课程"一词在我国最早的出处。此题正确。

41. 解析：本题考查临床心理学概念。临床心理学是指对心理障碍和心理异常进行评估和诊断，以心理学的原理来治疗心理障碍和心理异常。此题正确。

42. 解析：本题考查味觉。味觉的感受器即味蕾主要分布在舌头表面，基本的味觉有酸、甜、苦、咸，辣是痛觉。此题错误。

43. 解析：本题考查设置合理学习目标。学习目标应该是学生可接受的，教师要尽可能地让学生自己制定目标。因为在自己制定目标的情况下，学生更愿意为实现目标而努力。此题正确。

44. 解析：本题考查智力发展的一般规律。四年级的小学生，年龄一般是10~11岁，处于从具体形象思维向抽象思维的过渡时期，带有明显的具体形象性，此阶段是智力发展的"关键年龄"。智力关键年龄出现的早晚，取决于教育条件的好坏。此题正确。

45. 解析：本题考查生物的特征与人格。20世纪60年代，美国心理学家托马斯和切斯进行了一项为期10年的深入研究，旨在探讨婴儿是否存在先天个性差异，以及这些差异对其未来发展的影响。通过9个维度的评估，他们把婴儿的气质分为容易型、困难型和迟缓型3类。此题正确。

三、填空题（每小题2分，共30分）

46．礼乐教育

解析： 本题考查的是"六艺"教育。"六艺"教育含礼、乐、射、御、书、数6科。无论是国学还是乡学，抑或是小学、大学，都以"六艺"教育为基本科目，其大致可以分成3组，即礼乐、射御、书数。其中，礼乐教育是"六艺"教育的核心。

47．兴办律学

解析： 本题考查魏晋南北朝时期的官学变革。曹魏在教育制度方面的新创是兴办律学。出于培养贵族子弟的需要，西晋设立国子学，后又设置国子祭酒、博士、助教，以教国子学生。

48．孔子

解析： 本题考查的是儒家教育思想。孔子是世界上最早提出启发式教学的教育家，比古希腊教育家苏格拉底提出的"助产术"早几十年。

49．《奏定学堂章程》。

解析： 本题考查近代教育体制的初步建立，难度中等。1902年，张百熙主持并制定了一系列学制文件，合称《钦定学堂章程》，又称"壬寅学制"。这是中国近代第一个正式颁布的法定学制，也是中国近代新教育制度的开端，但"壬寅学制"因存在诸多不足而未能实施。1904年，清政府公布了《奏定学堂章程》，又称"癸卯学制"，是中国近代第一个颁布并实施的法定学制。

50．赫尔巴特

解析： 本题考查赫尔巴特的教育思想理论。赫尔巴特的教育思想理论具有双重理论基础，即伦理学基础和心理学基础。他认为，伦理学为教育指明目的，而心理学则指出教育的途径、手段和障碍。在西方教育史上，赫尔巴特是第一位把心理学作为一门独立的学科加以研究，并努力把它建成一门科学的思想家。

51．学校教育

解析： 本题考查教育的基本形态。按照教育活动的存在范围，教育可以分为社会教育、家庭教育与学校教育。学校教育是一种有系统、有计划、有组织的教育实践，旨在促进学生的全面发展，以满足社会发展的需要。学校教育是一种专业的培训，由经验丰富的专家和教师来指导和实施。

52．普及性

解析： 本题考查义务教育的特征。义务教育具有强制性、免费性、普及性的特征，其中普及性又称统一性，它是义务教育贯穿始终的一个理念。《中华人民共和国义务教育法》

从始至终都在强调在全国范围内实行统一的义务教育。

53．专业素养

解析：本题考查教师的专业素养。专业素养是专门职业对从业人员的整体要求。根据现代教师的工作职能，教师的专业素养应涵盖专业知识、专业技能、专业道德和专业情意等方面。

54．学生观

解析：本题考查学生观的含义。学生观是指教师对学生的基本看法。教师对学生的认识、态度及行为都受到学生观的影响，进而对学生的发展产生影响。

55．正反

解析：本题考查教师的职业道德。教师在履行教育义务的活动中，最主要、最基本的道德责任是正反两个方面。正面即教书育人，反面即"不要误人子弟"。

56．课程

解析：本题考查课程的含义。课程是教育活动的核心元素，是教育者在教育活动中进行沟通和交往的中介，是实现教育目的的根本保障。课程在任何教育体系中都处于中心地位。

57．习

解析：本题考查中国教育家的教学过程理论。我国伟大的教育家孔子曾提出"学、思、习、行"4个阶段的教学过程。前两个阶段是学习知识的过程，后两个阶段是知识外化的过程。

58．《在行为主义者看来的心理学》

解析：本题考查行为主义的概念。1913年，美国心理学家约翰·华生出版的《在行为主义者看来的心理学》标志着一种新的思想形式的诞生。行为主义者认为心理学的研究对象应该是可以观察的事件，即行为。

59．音色

解析：本题考查听觉的基础知识。我们到底可以听到什么声音，主要依据听觉的音高、响度和音色3个特性。

60．心理活动

解析：本题考查言语的概念。言语是个体借助语言这种交际工具来传递信息的过程，是理解语言和用语言来表达思想的过程。言语与语言有所不同：语言是一种符号系统，是人们沟通的手段；而言语则是个体复杂的心理活动，二者在生活中相伴相生。

四、名词解释（每小题4分，共20分）

61. **解析**：本题考查教育的需要起源说的含义。

教育的需要起源说最早由中国马克思主义教育理论家杨贤江于20世纪30年代提出，其主张教育起源于社会生活实际的多方面需要。

62. **解析**：本题考查教育制度的内涵。

教育制度是指一个国家各级各类教育机构与组织的体系及管理规则。它包括教育机构系统和教育管理系统两个方面。

63. **解析**：本题考查教师的含义。

从广义上说，向他人传授知识、技能的人均可被称为教师（教育者）；从狭义上说，教师指学校的专职教师，他们受过专门的教育，是直接进行教育教学工作的专业人员。

64. **解析**：本题考查课程评价的含义。

课程评价是指基于一定的教育理论和价值观念，根据一定的标准和课程系统信息，以科学的方法检查课程的目标、制定和实施对于教育目的的实现程度，以此判定课程设计的效果。

65. **解析**：本题考查思维的含义。

思维是指人脑对客观事物间接和概况的反应。思维和感知觉一样，是人脑对客观事物的反应。感知觉是对客观事物的直接反应，思维则是对所有客观事物间接性、概括性的反应，它所反映的是所有客观事物共同的、本质的特征和内部联系。

五、辨析题（每小题20分，共40分）

66. **解析**：本题考查我国古代书院的发展。上述观点不准确。

我国古代书院最初是聚书、藏书之地，（5分）后来逐渐演变为士人读书、讲学、求学的教育机构，以及著书、编书、校书、出书的学术研究机构，（5分）同时也是所在地方的文化交流中心。（5分）祭祀、藏书、讲学、出书是书院主要的功能。（5分）

67. **解析**：本题考查马斯洛的需要层次理论。上述观点不准确。

马斯洛认为，需要的层次越低，它的力量越强、潜能越大。（5分）只有在较低层次的需要得到满足或部分满足后，较高层次的需要才会被激发出来。（5分）同一时期，个体的需要可能是多样的，但总有一种需要处于支配地位、起决定性作用。（5分）较低层次的需要不会因较高层次的需要的发展而消失，只是减弱了对个体行为的影响力。（5分）

六、简答题（每小题10分，共50分）

68. 解析：本题考查教育与科技的关系。

答案要点：

教育的发展既受政治、经济因素的制约，又受科技的影响。教育与科技是两个既相互独立又联系密切的子系统。

科技对教育的影响。

首先，科技可以更新教育者的教育理念，促进其教育水平的提升。例如，在线教学平台的出现，让教师能够接触更多先进的教学方法和资源，从而不断改进自己的教学方式。（2分）

其次，科技对教育对象同样具有影响。如今，学生可以通过虚拟技术身临其境地学习历史、地理等知识，增强学习的体验感和参与度；智能学习软件能够根据学生的学习情况为学生制订个性化的学习计划，提高学习效率。（2分）

最后，科技会渗透到教育的各个方面，为教育手段的更新与发展提供必要的思想要素与技术条件。如教师利用人工智能对学生进行学习评估，依据大数据分析来优化教学内容和方法。（2分）

教育对科技的作用。

第一，教育是学科知识再生产的重要手段。学校教育通过系统的课程设置和教学活动，将前人积累的知识传授给学生，学生在学习过程中进行思考和创新，实现知识的再生产和拓展。（2分）

第二，教育不仅是推动科技进步和发展的一个重要途径，也是科技产出的一个直接手段。高校培养的大量专业人才进入科研领域，开展前沿研究，取得科技成果；同时，教育中的科研项目促进了科技发展，如高校研发的新技术、新产品。（2分）

69. 解析：本题考查世界范围内学制改革的趋势。

答案要点：

义务教育年限的延长。（2分）

普通教育与职业教育的综合化。（2分）

高等教育的大众化。（2分）

终身教育体系的建构。（2分）

教育的国际交流、学历与非学历教育界限的淡化、教育社会化（全民化）与社会教育化等。（2分）

70．解析： 本题考查我国学校体育的总目标。

答案要点：

掌握与运用体能和运动技能，提高运动能力。（3分）

学会运用健康与安全的知识和技能，形成健康的生活方式。（4分）

积极参加体育活动，养成良好的体育品德。（3分）

71．解析： 本题考查心理学的研究方法。

答案要点：

心理学的研究应遵循客观性和发展性两个基本原则。（2分）

观察法，即系统地、有计划地探索外部活动行为背后的心理现象。（2分）

调查法，即根据不同的人口学变量，设计出有针对性的问卷，从而更好地反映出人们的真实情况。（2分）

个案研究法，即深入了解受试者的心理特征。（2分）

实验法，即在控制的条件下通过系统地操纵某种变量的变化，研究这种变量的变化对其他变量的影响。（2分）

72．解析： 本题考查学校心理辅导的原则。

答案要点：

面向全体学生原则。（1分）

发展性原则。（2分）

尊重和理解学生原则。（2分）

尊重学生主体性原则。（2分）

因材施教原则。（2分）

整体性发展原则。（1分）

七、论述题（共20分）

73．解析： 本题考查上好一堂课的标准。

答案要点：

教学目标明确。上好一堂课的标准要根据课程标准的要求和学生、教师的实际情况来制定。第一，教学目标要全面；第二，教学目标要具体；第三，师生课堂活动要始终围绕实现教学目标来展开。（3分）

教学内容正确。教学最重要的也是最基本的要求，就是教学内容要正确。第一，教学内容应该是科学的、严谨的；第二，教学内容要重点突出，体现出知识之间的内在联系和逻辑性；第三，教学内容要充实，对重难点的讲解要有理有据，理论联系实际。(4分)

教学方法恰当。第一，教学方法要多种多样，根据教学内容和学生的认知特点等选择最恰当的教学方法，高效达成教学目标；第二，教学方法要切合学生实际，易被学生接受；第三，巧妙运用现代信息化手段，提高教学效率。(4分)

教学组织严密。第一，课堂的进程秩序分明、有条不紊，授课的顺序和结构设计合理、各环节层次分明；第二，教学活动结构紧凑、节奏恰当，时间分配合理，各环节关联紧密。(3分)

教学语言规范。第一，表达清晰、准确、生动，富有情感，有表现力和感染力，语速适当，语气亲切，节奏合理；第二，与肢体语言相互配合，富有表现力；第三，教学语言要有教育性，不仅能向学生传递知识，还能体现出对学生的尊重与爱护，以调动学生的学习积极性。(3分)

板书设计合理。教学中需要板书，板书是教师的教学基本功之一，在备课时，教师应当认真设计板书，做到科学合理、简洁明了、重点突出、布局恰当、字迹工整、呈现适时。(3分)

八、材料分析题（共50分）

74．解析：本题考查家庭教育因素对个体身心发展的作用，以及新课程改革的价值追求。在教育孩子的过程中，家庭教育与学校教育的合作程度直接影响教育作用的发挥。家庭经济条件的质量不仅影响孩子拥有的教育资源的质量，也影响着父母对孩子成长的经济和精力投入，父母的文化水平对孩子的教育有直接影响，此外，家庭的人际氛围影响着教育作用的发挥。新课程改革的价值追求表现为回归生活世界、关爱自然、个性发展等方面。考生可运用这些理论对材料进行分析作答。

答案要点：

（1）材料反映了家庭教育因素对个体身心发展的作用。(5分)材料一中的妈妈培养并保护了孩子的好奇心，(5分)材料二中的妈妈鼓励孩子找到解决问题的办法，两段材料说明良好的家庭教育会使孩子受益一生，家长的教育理念至关重要。(5分)

（2）新课程改革的课程理念认为学生是发展中的人，学生是具有独立意义的个体，(5分)因此教师和家长要了解学生个体身心发展的规律，了解学生各阶段的发展特征，(5分)学校教育应与家庭教育互相配合，即教师要与家长合作，多进行沟通，不仅要关注学生在学校的表现，(5分)也要关注其在家里的表现，共同促进学生的发展。(5分)

教师应该利用自身的优势条件，以学校为阵地，向家长推广科学的家庭教育理念，（3分）通过科学、合理、有效的途径提高家长教育孩子的理论实践水平，使其形成规律性的认知。（2分）例如，帮助家长更新教育观念，树立正确的教育思想；帮助家长掌握教育规律，提高育人的方法和技巧；帮助家长提高自身修养，以身立教，熏陶孩子。（8分）真正形成家校合力，共同培育栋梁之材。（2分）

（言之有理可酌情给分）

教育理论基础

全真模拟试卷（三）

参考答案及精析

一、单项选择题（每小题2分，共60分）

题号	1	2	3	4	5
答案	C	A	B	D	C
题号	6	7	8	9	10
答案	C	B	C	D	B
题号	11	12	13	14	15
答案	B	D	B	B	B
题号	16	17	18	19	20
答案	B	B	C	C	D
题号	21	22	23	24	25
答案	C	D	A	C	B
题号	26	27	28	29	30
答案	C	C	B	D	A

1. **解析：** 本题考查中国古代教育传统的相关知识。A选项"学在官府"即一切文化教育事业均为贵族所占有、享受和管理，反映了文化教育的被垄断地位；B选项"小学"实际上是关于贵族的道德行为、基本常识、生活技能和仪态等方面的训练，其特别注重德行培养，以为造就有德行和懂军事的未来统治者打下基础；C选项"大学"为太子、王子，诸侯和卿大夫之长子、嫡亲等贵族子弟所专享，平民中极个别的优秀青年须经过严格的推荐

考核程序才能进入。"大学"作为西周时期的高等教育阶段,在教育内容上与国学相承接,其所学知识更加深入和广泛,包括礼、乐、射、御、书、数六艺,且师资也多来自国学中的优秀学者。因此,"大学"在教育体系中与国学有着紧密的接通关系。D选项"乡学"为在王都郊外六乡行政区中所设的地方学校的统称。此题选C。

2. 解析:本题考查的是我国古代的代表性私学。私学的兴起和发展打破了"学在官府"的传统。孔子的私学规模最大,存在了40多年,相传弟子3000人,"身通六艺者七十有二人"。春秋战国时期,私学的发展是我国教育史、文化史上的一个重要里程碑。此题选A。

3. 解析:本题考查中国古代的科举制度。A选项"院试"产生的是秀才;B选项"乡试"产生的是举人;C选项"会试"和D选项"殿试"产生的是进士。此题选B。

4. 解析:本题考查私塾的类型与性质,难度中等。A选项"家塾"指的是官宦和殷实人家延聘教师在家中教授子弟;B选项"学馆"由教书先生在家中或在外借赁场所开办,如"三味书屋";C选项"义塾"由私人或社会团体创办,具有公益性质;D选项"村学"指的是村民联合聘请老师教授子弟。此题选D。

5. 解析:本题考查中国古代的主要思想学派。A选项"儒家"主张"有教无类",即不分贵族与平民,人人都可以接受教育;B选项"墨家"主张建设一个民众平等、互助的"兼爱"社会,主张"虽不扣而必鸣";C选项"道家"主张"弃圣绝智""弃仁绝义",根据"道法自然"的哲学,主张回归自然、"复归"人的自然本性、一切任其自然,便是最好的教育;D选项"法家"主张"以法为教""以吏为师",即法令之外无教育内容,官吏之外无教导者。此题选C。

6. 解析:本题考查中国近现代教育家及其思想理论,难度中等。A选项"蔡元培",毛泽东对其评价是"学界泰斗,人世楷模";B选项"黄炎培"是中国近代职业教育的创始人和理论家;C选项"梁漱溟"是中国现代新儒家的早期代表人物之一,有"中国最后一位儒家"之称;D选项"陶行知",毛泽东称他为"伟大的人民教育家",周恩来称他为"一个无保留追随党的党外布尔什维克",宋庆龄称他为"万世师表"。此题选C。

7. 解析:本题考查的是古希腊教育中古风时代的教育。古代雅典教育注重身心的和谐发展,是最早形成体育、德育、智育、美育和谐发展的教育,教育内容丰富,重视文化知识、音乐陶冶与身体训练的结合,教育方法灵活。教育的目的是培养有文化修养和多种才能的政治家和商人。此题选B。

8. 解析:本题考查的是外国古代教育家及其思想理论。苏格拉底的"助产术"又称"问答法"。此题选C。

9. 解析:本题考查教育的社会属性。教育与政治制度、经济的发展并非完全同步,可能超前,也可能滞后。教育的发展应该与政治、经济的发展尽量保持平衡。此题选D。

10. 解析:本题考查的是影响个体身心发展的主要因素。美国生理和心理学家格塞尔认为胎儿的发育部分是受基因制约的。这种由基因制约发展过程的机制就是成熟。他的同卵双生子爬梯实验证明了成熟对个体身心发展起制约作用。此题选B。

11. 解析：本题考查1949年以前我国的主要学制，难度中等。A选项"壬寅学制"又称《钦定学堂章程》，是中国近代第一个以中央政府名义制定的全国性学制系统；B选项"癸卯学制"又称《奏定学堂章程》，是中国近代由政府颁布并首次得到施行的全国性法定学制，较"壬寅学制"更为系统、详备；C选项"壬子癸丑学制"又称"1912—1913学制"，是民国的第一个学制，比较全面地反映了资产阶级对教育的要求；D选项"壬戌学制"又称"六三三"制，是中国近代史上实施时间最长、影响最大的学制。此题选B。

12. 解析：本题考查我国现行学制中普通高中教育的发展趋势，即学制改革的走向。我国现行学制规定，全日制普通高中主要实施基础教育，担负着为高一级学校输送合格新生及为国家培养劳动力后备力量的双重任务。随着我国高中教育的大众化、普及化，普通高中增加了职业课程，为普通高中生做就业准备，呈现出普通教育职业化趋势。此题选D。

13. 解析：本题考查德育原则的基本概念及具体要求，难度中等。A选项"尊重信任学生与严格要求学生相结合的原则"指的是教育者既要尊重和信任学生，又要对学生提出严格的要求，把"严"和"爱"有机地结合起来，促使教育者的合理要求转化为学生的自觉行动；B选项"教育影响的一致性和连贯性原则"指的是教育者应主动协调多方教育力量，统一认识和步调，有计划、系统、前后连贯地教育学生，发挥教育的整体功能，培养学生形成良好的思想品质；C选项"发扬积极因素、克服消极因素原则"又称长善救失原则，指的是教育者要一分为二地看待学生，依靠学生的积极因素，克服消极因素，因势利导，化消极因素为积极因素；D选项"集体教育与个别教育相结合原则"指的是教育者要善于组织和教育学生热爱集体，并依靠集体教育每个学生，同时，通过对个别学生的教育，促进集体的形成和发展，集体教育和个别教育有机结合起来。此题选B。

14. 解析：本题考查的是学生的特点。学生的可塑性特点表现在：学生处于长知识、长身体的时期，这个时期也是他们的品德、人格形成的时期，各个方面的发展尚未成熟，具有很大的发展潜力，而且尚未定型，极易受外部环境因素的影响。此题选B。

15. 解析：本题考查的是教师的权利及具体表现。A选项"教育教学权"是教师的最基本权利，具体表现为教师进行教育教学活动，开展教育教学改革和实验；B选项"学术研究权"具体表现为教师从事科学研究、学术交流，参加专业的学术讲座，在学术活动中充分发表意见；C选项"指导评价权"具体表现为教师指导学生的学习和发展，评定学生的品行和学业成绩；D选项"报酬待遇权"具体表现为教师按时获取工资报酬，享受国家规定的福利待遇及寒暑假的带薪休假。此题选B。

16. 解析：本题考查的是我国的基础教育课程改革。2001年6月8日，教育部颁布了《基础教育课程改革纲要（试行）》，标志着我国基础教育新课程改革的正式实施。这是新中国成立以来我国进行的第8次基础教育课程改革，也是至今规模最大、影响最为深远的一次课程改革。此题选 B。

17．解析： 本题考查课程评价的相关知识。A 选项"决策性评价"一般是由教育行政部门召集专业人士开展的课程评价；B 选项"研究性评价"一般是课程理论工作者为了实施或改进新课程而对现行课程所进行的评价；C 选项"工作性评价"一般是教师针对课程对学生的影响是否达到了既定目的而进行的判断；D 选项"形成性评价"是在课程开发或实施实验期所进行的评价。此题选 B。

18．解析： 本题考查的是西方教育家及其思想理论。A 选项"昆体良"把教学过程分为模仿、讲述、练习 3 个步骤；B 选项"夸美纽斯"把教学过程分为感觉、记忆、理解、判断 4 个步骤；C 选项"赫尔巴特"把教学过程分为明了、联想、系统、方法 4 个步骤；D 选项"杜威"把教学过程分为情景、问题、观察、解决、应用 5 个步骤。此题选 C。

19．解析： 本题考查教学原则的内涵。A 选项"方向性原则"是指教学要以马克思主义为指导，分析和理解教学内容；B 选项"直观性原则"是指在教学中教师应向学生呈现所学知识的实物或模像等，并引导学生直接观察；C 选项"循序渐进原则"又称系统性原则，是指按照学科课程体系和学生身心发展规律，持续、连贯地实施教学，引导学生逐步地、系统地掌握基础知识和基本技能；D 选项"巩固性原则"是指教学应引导学生在理解的基础上，牢固地掌握所学知识并提升已有的技能，在需要运用时能迅速再现出来。此题选 C。

20．解析： 本题考查的是教学工作的基本环节。评定学生学业成绩是提高其学习质量的动力和手段。评定学生的学业成绩是定期的、连续的，通过学业成绩评定可以了解学生的学习效果，帮助学生分析自己的情况、适时调整学习状态、改进学习方法，增强学生学习的自觉性。此题选 D。

21．解析： 本题考查的是心理学的流派。认知心理学与神经心理学同脑科学结合，催生了认知神经心理学，其利用脑成像技术，真正揭秘心理的功能器官——脑的秘密，了解人的情绪、意识、无意识、思维等心理功能的特点。此题选 C。

22．解析： 本题考查心理学的分支学科，难度中等。A 选项"基础心理学"研究心理现象的性质、结构、机制、机能和规律；B 选项"实验心理学"阐述心理与行为实验设计的理论、方法和技术；C 选项"发展心理学"是一门研究个体毕生心理发展的学科；D 选项"社会心理学"旨在探索个体如何在群体环境中发挥作用，以及这种作用如何影响他们的行为，如何通过自我调节和适应来应对这种影响。此题选 D。

23．解析： 本题考查的是感觉的基本规律及其应用。感受器在刺激的连续作用下（刺激强度不变），感受性会随刺激时间的延续而发生变化（多数为感受性降低，甚至消失），这种现象叫感觉适应。题目中所提及的"过一段时间感觉不那么凉了"，是因为冷水持续作用于手，使手部的温度感受性下降。此题选 A。

24．解析： 本题考查的是遗忘的状态。遗忘现象一般有两种状态：暂时性遗忘和永久性遗忘。暂时性遗忘是在长时记忆中的内容一时无法被提取,但在合适时机下可以恢复。永久性遗忘是记忆过的信息,如果不重新学习就无法恢复的现象。此题选 C。

25. **解析**:本题考查的是思维的类型。分散思维是指思考问题时信息朝各种可能的方向扩散,并引出更多新信息,使思考者能从各种设想出发,不拘泥于一种途径,不局限于既定的理解,尽可能做出合乎条件的多种解答。此题选 B。

26. **解析**:本题考查的是归因理论。美国心理学家塞利格曼在研究动物时提出"习得性无助",该概念指的是后天习得、对现实无能为力的心理状态和行为。而以人为被试的试验也得出了同样的结论。此题选 C。

27. **解析**:本题考查的是情绪的含义。情绪是与人的需要相联系的主观体验。此题选 C。

28. **解析**:本题考查精神分析理论。弗洛伊德认为,人格的成分包括本我、自我和超我。人格中最基本的部分是本我,由先天的本能和基本欲望组成,遵循"快乐原则"。自我介于现实和本能之间,是有理智和意识的,遵循"现实原则"。超我是一种监督的自我,代表着社会伦理道德,遵循"完美原则"。此题选 B。

29. **解析**:本题考查的是支架式教学。支架式教学的概念是从工人建房子使用的支架引申而来的,如同建筑支架在搭建房屋中的作用,教学支架通过给学习者提供支持,帮助学习者完成无法独立完成的学习任务,获得新的技能。D 选项没有体现"提供支持"的行为。此题选 D。

30. **解析**:本题考查人际距离的相关知识。A 选项"0~0.5 米"是亲密距离,通常在人与人之间最为亲密的情况下存在;B 选项"0.5~1.25 米"是个体距离,适用于一般的社交情况;C 选项"1.25~3.5 米"是社会距离,通常适用于正式的社交场合;D 选项"3.5 米以上"是公共距离,通常适用于更为正式和公共的场合。此题选 A。

二、判断题(每小题 2 分,共 30 分)

题号	31	32	33	34	35
答案	√	√	√	×	×
题号	36	37	38	39	40
答案	√	×	√	√	√
题号	41	42	43	44	45
答案	√	×	√	√	×

31. 解析：本题考查中国古代科举制度的建立。科举制度产生于隋而确立于唐。它保障了"学而优则仕"原则的落实，是读经入仕教育和政治模式的充分制度化体现。隋炀帝始建"进士科"，这是科举制度确立的标志。此题正确。

32. 解析：本题考查宋代书院的主要特色，难度中等。白鹿洞书院位于江西庐山五老峰下。南宋时朱熹修复书院，制定《白鹿洞书院揭示》。"己所不欲，勿施于人；行有不得，反求诸己"是朱熹和白鹿洞书院的标志性成果。此题正确。

33. 解析：本题考查的是中国古代的主要思想学派、代表人物及作品。先秦时期以墨翟为代表的墨家与儒家并称"显学"。此题正确。

34. 解析：本题考查新文化运动下的教育思潮与教育运动。留法勤工俭学运动萌发于1912年蔡元培等人在北京发起的留法俭学会。"五四运动"后，勤工俭学形成高潮，全国各地大量青年学生赴法留学。此题错误。

35. 解析：本题考查古巴比伦时期的教育。在巴比伦文明时期，初级寺庙学校主要教授读写；高级寺庙除了教授读写，还向学生传授文法、苏美尔文学、祈祷文等知识。此题错误。

36. 解析：本题考查德意志帝国时期的德国教育。德意志帝国时期的德国教育是典型的"三轨制"，形成了国民学校、中间学校和文科中学3种学校，等级性和阶级性明显。此题正确。

37. 解析：本题考查卡特尔流体智力与晶体智力理论，难度中等。根据卡特尔流体智力与晶体智力理论及有关研究表明，流体智力发展和年龄密切相关，一般20岁以后发育最快，30岁以后随年龄增长而减少；晶体智力并不随年龄增长而降低，有的因阅历丰富、学识丰富而呈现上升趋势。此题错误。

38. 解析：本题考查义务教育。自19世纪中后期德国、法国、美国等发达国家相继颁布初等教育的义务教育法后，义务教育由最初的4~6年逐步延长至9年，更有一些国家将义务教育延长至高中阶段，义务教育的发展水平已逐渐成为衡量一个国家文明程度的标志之一。此题正确。

39. 解析：本题考查价值澄清模式。价值澄清模式是路易斯·拉斯等人针对美国儿童在多元社会中必须面对多种价值观的选择而提出的理论。价值澄清模式中常使用的方法包括澄清应答法和价值单法。此题正确。

40. 解析：本题考查师生关系的含义。师生关系是指师生双方在教育教学过程中经过相互交往与作用而形成的关系，是学校中最重要、最基本的人际关系。此题正确。

41. 解析：本题考查我国与教育相关的法律法规。《中华人民共和国教育法》的颁布标志着我国开始进入全面依法治教的新时期，对我国教育事业的改革和发展，以及物质文明、精神文明建设产生了巨大且深远的影响。此题正确。

42．解析：本题考查间接经验与直接经验的关系。学习间接经验往往要建立在已有的直接经验的基础之上。学生把间接经验转化成自己的知识结构，需要对书本知识加以消化，需要借助一定的直接经验。教师要根据教学需要，充分利用和丰富学生的直接经验。此题错误。

43．解析：本题考查班级活动的含义。班级活动是班主任向学生进行政治、思想、道德、心理教育的基本形式，是班主任组织、建设学生集体，并通过学生集体来教育和影响学生个体的一种较为普遍的教育形式，也是学生个体进行自我教育的一种行之有效的方式。此题正确。

44．解析：本题考查美感的含义。个体根据一定的审美标准评价事物时产生的情感体验被称为美感。此题正确。

45．解析：本题考查人际沟通的分类。单向沟通比双向沟通更能准确、高效、有序地传递信息，双向沟通比单向沟通更有利于建立良好的人际关系。此题错误。

三、填空题（每小题2分，共30分）

46．书数

解析：本题考查"六艺"教育。"六艺"教育含礼、乐、射、御、书、数6科。无论是国学还是乡学，抑或是小学、大学，都以"六艺"教育为基本科目，其大致可以分成3组，即礼乐、射御、书数。

47．中华职业教育社

解析：本题考查新文化运动下的教育思潮与教育运动，难度中等。清末民初的实利主义、实用主义教育思潮演变为职业教育思潮，认为教育要授人一技之长和促进实业发展，旨在改变毕业生难以升学却又谋生无能的现状，适应了中国民族资本主义发展的需要。1917年，中国第一个研究、推广职业教育的机构——中华职业教育社成立，形成了以黄炎培为代表的、有中国特色的职业教育理论。

48．"全人生指导"

解析：本题考查杨贤江的教育思想。杨贤江的"全人生指导"以"革命的人生观"为核心，其出发点是引导学生参加革命，过革命的人生。"全人生指导"是指对青年进行全面的关心、教育和引导。

49．弗吉里奥

解析：本题考查人文主义者及其教育思想与实践。弗吉里奥是意大利人文主义者，也是第一位系统阐述人文主义教育思想的教育家。

50．蒙台梭利

解析：本题考查学生对现代教育家及其思想理论的掌握。蒙台梭利是意大利著名的幼儿教育家，也是世界上第一位杰出的女性学前教育家。

51．教育目的

解析：本题考查教育目的的功能。教育目的是衡量、评价教育实施效果的根本依据和标准。评价学校的办学水平与办学效益、检查教育教学工作的质量、评价教师的教学质量与工作效果、检查学生的学习质量和发展程度等都必须以教育目的为依据和标准来进行。

52．实践性知识

解析：本题考查教师的专业知识。根据教师的职业活动，教师应具备的专业知识具有相当的复杂性，包括本体性知识、条件性知识、实践性知识。

53．基础型课程

解析：本题考查基础型课程的含义。基础型课程是培养学生基础能力的课程。作为公民，必须具备读、写、算等基本素养。基础型课程注重学生基础能力的培养，是中小学课程最主要的部分。

54．绝对感受性

解析：本题考查感觉的测量。刚刚能够引起感觉的最小刺激量就是绝对感觉阈限。感觉出最小刺激量的能力就是绝对感受性。

55．理解词义

解析：本题考查言语理解。言语理解中，理解词义是最基础的水平，只有真正理解文字或语音所表达的含义才是真正的理解。

56．动机水平

解析：本题考查成就动机理论。根据成就动机理论，动机水平是个体追求成就的稳定特质；期望是个体基于以往经验，对能否成功的主观判断；诱因是成功时获得的满足感。

57．主观体验

解析：本题考查情绪的含义。Izard认为，情绪是复合的心理现象，是由主观体验、外部表现和生理唤醒3种成分组成的。主观体验是情绪的核心成分，个体对不同情绪可能产生不同的感受强度。

58．晶体智力

解析：本题考查卡特尔智力理论。卡特尔把智力分为流体智力和晶体智力两类。从出生到青春期，流体智力和晶体智力都呈迅速增长态势。此后，流体智力逐级衰退，晶体智力增长态势则一直保持至老年。

59. 正惩罚

解析：本题考查惩罚理论。惩罚用来减少不喜欢的行为出现的频率。其中，正惩罚指行为发生之后给予厌恶刺激，以降低该行为出现的可能性；负惩罚指行为发生之后撤除愉快刺激，以降低该行为出现的可能性。

60. 成熟

解析：本题考查成熟势力说。美国心理学家格塞尔在1929年通过同卵双生子爬梯实验得出，机体成熟决定心理发展的速度和方向，环境因素只能影响（如加速或减缓）而不能决定个体的心理发展。成熟是促进个体心理发展的关键因素，如果没有足够成熟，个体就无法实现真正的发展和变化。

四、名词解释（每小题 4 分，共 20 分）

61. **解析**：本题考查教育的含义。

从广义上讲，教育是指任何培养人的社会活动。从狭义上讲，教育指的是为了实现教育目的和学校的培养目标，由教育专业人员进行的有组织、有计划的学习教育。教育是一种旨在培养人的社会实践活动，也是促进个体成长、推动社会发展的重要方式。

62. **解析**：本题考查双轨学制的含义。

双轨学制形成于18世纪、19世纪的西欧。这种学制将学校系统分为两轨：一轨是为资产阶级子女设立的，自上而下，其结构是大学（也包括其他高等学校）、中学（包括中学预备班），具有较强的学术性；另一轨是为劳动人民子女设立的，自下而上，其结构是小学（后来是小学和初中）及其后的职业学校（先是与小学相连的初等职业教育，后发展为和初中相连的中等职业教育），是为培养劳动者服务的。

63. **解析**：本题考查课程的含义。

课程的基本含义是指教学内容及其进程的安排。广义的课程是指对受教育的主体产生积极影响的各种因素的总和；狭义的课程是指学校课程，即在学校中对学生的各方面发展产生积极影响的教育性因素及学生获得的教育性经验。

64. **解析**：本题考查教学过程的含义。

教学过程是指教师为达成教学目标而开展的教学活动的过程。在这一过程中，教师要根据学科的课程标准要求并结合学生的身心发展规律和已有的知识能力水平，有目的、有计划地指导学生掌握系统的科学文化知识并形成一定的基本技能；同时，学生在这一过程中，身心也会获得一定的发展。

65. **解析：** 本题考查动机的含义。

动机是指激发、维持个体活动并使活动朝向某一目标的内在动力，它是推动个体从事某种活动的内在原因。

五、辨析题（每小题20分，共40分）

66. **解析：** 本题考查隋唐的教育制度。上述观点不准确。

隋代统治者选择儒学作为政治指导思想，实行德治路线，确定崇儒兴学的文教政策。（5分）唐代更加明确而坚定地选择儒学作为政治指导思想，奉行崇儒兴学，（5分）但并不独尊儒学，在兼用儒、佛、道的基础上，积极地推行科举制度，鼓励私人办学。（5分）这是隋唐重要的文教政策。（5分）

67. **解析：** 本题考查动机与行为效果。上述观点不准确。

一方面，动机与行为效果的关系受动机水平的影响。（2分）心理学家耶克斯·多德森通过实验研究发现，每项任务都存在一个最佳的动机水平。动机太强或太弱，都会影响行为效果。（4分）最佳动机水平不是固定不变的，而是随任务性质的变化而改变。对于容易或简单的任务，行为效果随动机水平的上升而提高；随着任务难度的提高，最佳动机水平逐渐下降。对于困难或复杂的任务，较低的动机水平有利于获得较好的行为效果。（4分）

另一方面，动机与行为效果的关系还受个体行为质量的影响。（2分）动机以行为为中介，对行为效果产生影响。动机、行为、效果三者有机结合，才能判断动机与行为效果之间的关系。（4分）虽然学习动机会对学习行为效果产生重要影响，但它并不能完全决定学习行为的成败。激发学习动机只是其中一个方面，而改善主客观条件以提高学习行为则是更加重要的。（4分）

六、简答题（每小题10分，共50分）

68. **解析：** 本题考查个体身心发展的一般规律。

答案要点：

个体的身心发展具有顺序性和阶段性。（2分）

个体的身心发展具有不平衡性。（2分）

个体的生理和心理发育既是一个稳定的过程，也是一个变化的过程。（2分）

个体的身心发展具有个别差异性。（2分）

个体的身心发展具有互补性。(2分)

69. **解析**：本题考查教育目的的制约因素。

答案要点：

教育目的受生产力发展水平的制约。生产力发展水平影响了人才的素质和规格的要求。(3分)

教育目的受社会政治制度制约。社会政治制度决定人才培养的性质，即教育为谁培养人，教育培养的人为谁服务。(3分)

教育目的受社会文化传统的制约。一个社会的文化传统对人的影响是全方位的。因此，教育目的也受社会文化传统的制约，体现一个国家的民族性。(4分)

70. **解析**：本题考查我国学校德育的任务。

答案要点：

学校德育的任务是指通过教育活动，个体在思想品德发展的质量和规格方面达到应有的基本要求。(2分)

逐步提升学生的道德修养，形成社会主义和共产主义道德观。(2分)

培养学生坚持正确的政治方向，初步形成科学的世界观。(2分)

培养学生的道德评价和自我教育的能力，形成良好的道德行为习惯。(2分)

培养学生的民族精神，形成正确的理想和信念。(2分)

71. **解析**：本题考查知觉的特性。

答案要点：

整体性。人们并不是单独感知外在对象的个别属性或主要特点，而是根据过往经验整体识别外在对象。(3分)

选择性。人们在生活中会接受到不同的刺激，但没有感觉到全部的刺激，只会感觉到能引起注意的个别刺激。(3分)

理解性。在知觉过程中，人们会依照自己的经验对知觉的对象加以解释，从而理解和领会该对象，赋予其意义。(2分)

恒常性。当外在刺激发生一定程度的变化时，由于知识经验的参与，人们的知觉并不随之发生变化。(2分)

72. **解析**：本题考查印象形成的主要心理效应。

答案要点：

心理效应是指在认知过程中，个体受到特定社会心理现象、心理规律的影响，形成对人和事物的反应。(2分)

首因效应。（2分）

近因效应。（2分）

投射效应。（2分）

晕轮效应。（2分）

七、论述题（共20分）

73. 解析：本题考查教学组织形式。

答案要点：

教学组织形式是指根据教学任务和教学条件等，教师和学生组合起来进行教育活动的结构。（2分）教学组织形式随着社会政治、经济、文化的发展和对培养人才要求的不断提高而发展变化。教学组织形式有班级授课制、个别教学、复式教学、现场教学、分组教学、走班制等。（3分）

班级授课制。它是指把一定数量的学生按年龄、知识与能力发展的程度等编排成固定的班级，安排教师根据班级相对固定的周课表和作息时间表，有目的、有组织、有计划地对全班学生进行集体教学的教学组织形式。（3分）

个别教学。它是指教师针对不同学生的具体情况进行个别辅导的教学组织形式。（2分）

复式教学。复式教学可以看作班级授课制的一种特殊形式，是在同一节课里由一位教师针对两个或两个以上不同年级的学生进行教学的教学组织形式——教师针对一个年级学生讲课的同时，组织其他年级的学生自学或做作业，并且有计划地交替进行。（3分）

现场教学。它是指根据教学的需要，教师有目的、有计划地组织学生到事物发生、发展的现场进行教学的教学组织形式。（2分）

分组教学。它是指根据学生的能力、成绩进行编班和分组的教学组织形式。（2分）

走班制。它是指不把学生固定在一个教室，而根据学生选择学习的学科的不同或根据教学层次的不同，让学生在不同的教室流动上课的一种教学组织形式。（3分）

八、材料分析题（共50分）

74. 解析：本题考查教师的专业素养与职业道德。教师不仅需具备专业知识、专业技能、专业道德、专业情意等专业素养，还需具备爱国守法、爱岗敬业、关爱学生、教书育人、为人师表、终身学习等职业道德。考生可运用这些理论对材料进行分析作答。

答案要点：

(1) 必须具备高尚的思想品德素质。(4分) 一位优秀的教师，首先要有正确的世界观、人生观、价值观，做到爱岗敬业、热爱教育、热爱学校，对自己从事的教育工作具有强烈的事业心和使命感，具有高尚的职业道德，具体表现为依法执教，热爱、关心学生，严谨治学，团结协作，廉洁从教，为人师表。应像陶行知先生所说："捧着一颗心来，不带半根草去。"而不是把教师这份职业作为跳板、临时的落脚地。选择了教师，终生无怨无悔。教师对教育、对学生的爱，是一种巨大的教育力量。都安高中"校长爸爸"莫振高的事迹被广为传播，感动着无数人。莫振高大爱无边的高尚师德、爱岗敬业的职业操守、无私奉献的精神境界，值得我们认真学习。(8分)

(2) 必须具备扎实的专业知识素质。(4分) 一位优秀的教师必须做"学人"和"哲人"。学人，是好学深思的人，是知识广博的人，是淡泊名利、耐得住寂寞、严谨治学的人。哲人，是目光犀利、思维活跃、思想敏锐、智慧聪颖、懂得辩证法的人。韩愈说："师者，所以传道授业解惑也。"教师不明道，怎能传道？教师无学业，怎能授业？教师不能深刻理解知识的精髓，怎能解学生之惑？叶圣陶先生说，要做好教师工作，必须具备两个条件：一是肯负责，二是有"本钱"。这里的"本钱"指的是教师必须具有深厚的科学文化知识储备。毫无疑问，每一位学生和家长都希望遇到知识丰富、学识渊博的教师，这既反映了人们的传统认识，也反映了现代信息社会对教师的更高要求。(8分)

(3) 必须具有一定的教学能力素质。(4分) 教师的教学能力素质是指解决教育教学课题的新颖性（与时俱进）和求异性。要取得良好的教学效果，教师就必须掌握良好的教学技能，不断激发学生的学习兴趣和进取心，逐步发展其独特的思维方式和自学能力，培养他们不断进取的意志和品质。教师必须注重现代化教学手段的研究和使用，自觉学习，努力提高对现代化教学手段的运用能力，使教学效果最优化、效率最大化。教学能力素质还表现在科研能力上，一位优秀的教师应该努力学习，从职业教育者转变为研究者，从开始为获取从教资格而学习，转变为教学成果的创造者。(8分)

(4) 要具备学者型、研究型教师的素质。(4分) 教师决定着课堂教学的成败。教学改革要求教师必须成为一位学者型、研究型的教师。这是因为教师的角色直接影响着课程实施的走向和课程目标的实现程度。在传统的教学中，教师的角色是大纲、教参的解说者，知识的传授者、灌输者。教师可以凭借已有的知识和经验较好地完成教学任务。但新的课堂教学则要求教师成为学生学习的组织者、引导者、合作者，成为一位学者型、研究型的教师。(8分)

(5) 优秀教师除了需要具备专业知识、专业技能、专业道德、专业情意等专业素养，还需要具备爱国守法、爱岗敬业、关爱学生、教书育人、为人师表、终身学习等职业道德。(2分)

（言之有理可酌情给分）

教育理论基础

全真模拟试卷（四）

参考答案及精析

一、单项选择题（每小题2分，共60分）

题号	1	2	3	4	5
答案	A	C	D	C	D
题号	6	7	8	9	10
答案	D	B	A	C	C
题号	11	12	13	14	15
答案	C	A	A	C	A
题号	16	17	18	19	20
答案	A	A	B	A	C
题号	21	22	23	24	25
答案	C	B	B	A	D
题号	26	27	28	29	30
答案	B	B	A	B	B

1. 解析： 本题考查中国古代教育传统的相关知识。A选项"学在官府"即一切文化教育事业均为贵族所占有、享受和管理，反映了文化教育的被垄断地位；B选项"小学"实际上是关于贵族的道德行为、基本常识、生活技能和仪态等方面的训练，其特别注重德行培养，以为造就有德行和懂军事的未来统治者打下基础；C选项"大学"为太子、王子，诸侯和卿大夫之长子、嫡亲等贵族子弟所专享，平民中极个别的优秀青年须经过严格的推荐

考核程序才能进入；D 选项"乡学"为在王都郊外六乡行政区中所设的地方学校的统称。此题选 A。

2. **解析**：本题考查蒙学教材的类型与名称，难度中等。A 选项《三字经》属于以识字为主的综合性教材；B 选项《蒙求》属于历史知识类教材；C 选项《少仪外传》属于道德训诫类教材；D 选项《幼学琼林》属于名物常识类教材。此题选 C。

3. **解析**：本题考查中国古代主要思想学派。A 选项"儒家"主张"有教无类"，即不分贵族与平民，人人都可以接受教育；B 选项"墨家"主张建设一个民众平等、互助的"兼爱"社会，主张"虽不扣而必鸣"；C 选项"道家"主张"弃圣绝智""弃仁绝义"，根据"道法自然"的哲学，主张回归自然、"复归"人的自然本性、一切任其自然，便是最好的教育；D 选项"法家"主张"以法为教""以吏为师"，即法令之外无教育内容，官吏之外无教导者。此题选 D。

4. **解析**：本题考查的是古巴比伦时期的教育。在古巴比伦，教育表现出鲜明的阶级性，奴隶被排除在学校教育的大门之外。古巴比伦教育的发展，尤其是其专门学校教育的出现，标志着人类教育发展步入新的历史时期，古巴比伦教育是"人类最初的学校教育的摇篮，也是人类正式教育的起点"。此题选 C。

5. **解析**：本题考查外国古代教育家及其思想理论。A 选项"苏格拉底"是希腊（雅典）哲学的创始人之一；B 选项"柏拉图"是古希腊伟大的哲学家，也是整个西方文化中最伟大的哲学家和思想家之一，他和老师苏格拉底、学生亚里士多德并称为希腊三贤；C 选项"亚里士多德"是古希腊百科全书式的哲学家；D 选项"西塞罗"是古罗马著名演说家和教育家。此题选 D。

6. **解析**：本题考查外国近代教育家及其思想理论。A 选项《人是教育的对象》是 19 世纪俄国著名教育家、俄罗斯国民学校和教育科学奠基人乌申斯基的代表作；B 选项《大教学论》是 17 世纪捷克著名的爱国主义者、民主主义教育实践家和理论家夸美纽斯的代表作，是教育学开始成为一门独立学科的标志，被认为是近代第一本教育学著作；C 选项《母育学校》是西方教育史上第一部学前教育专著；D 选项《世界图解》是西方历史上第一部依据直观原则编写的对幼儿进行启蒙教育的看图识字的课本。此题选 D。

7. **解析**：本题考查的是教育的含义。教育是一种旨在培养人的社会实践活动，与其他事物有着本质的不同。此题选 B。

8. **解析**：本题考查非正规教育，难度中等。非正规教育旨在为成年人、青年文盲、失学儿童等提供全面的教育，并且涵盖了各种实用的生活技能培训、职业技能培训、社会文化素养培训等；正规教育指由国家教育部门认可的教育机构（学校）所提供的有目的、有组织、有计划、由专职人员承担的，以培养入学者身心发展为直接目标的全面系统的训练和培养活动，A 选项"学校学生"属于正规教育的教育对象。此题选 A。

9. 解析：本题考查的是影响个体身心发展的主要因素。"近朱者赤，近墨者黑"的意思是靠着朱砂的变红，靠着墨的变黑，比喻接近好人会使人变好，接近坏人会使人变坏。这句话体现了环境因素对个体身心发展有很大的影响。此题选 C。

10. 解析：本题考查 1949 年以前我国的主要学制，难度中等。A 选项"壬寅学制"又称《钦定学堂章程》，是中国近代第一个以中央政府名义制定的全国性学制系统；B 选项"癸卯学制"又称《奏定学堂章程》，是中国近代由政府颁布并首次得到施行的全国性法定学制，较"壬寅学制"更为系统、详备；C 选项"壬子癸丑学制"又称"1912—1913 学制"，是民国的第一个学制，比较全面地反映了资产阶级对教育的要求；D 选项"壬戌学制"又称"六三三"制，是中国近代史上实施时间最长、影响最大的学制。此题选 C。

11. 解析：本题考查德育原则的基本概念及具体要求，难度中等。A 选项"尊重信任学生与严格要求学生相结合的原则"指的是教育者既要尊重和信任学生，又要对学生提出严格的要求，把"严"和"爱"有机地结合起来，促使教育者的合理要求转化为学生的自觉行动；B 选项"教育影响的一致性和连贯性原则"指的是教育者应主动协调多方教育力量，统一认识和步调，有计划、系统、前后连贯地教育学生，发挥教育的整体功能，培养学生形成良好的思想品质；C 选项"发扬积极因素、克服消极因素原则"又称长善救失原则，指的是教育者要一分为二地看待学生，依靠学生的积极因素，克服消极因素，因势利导，化消极因素为积极因素；D 选项"集体教育与个别教育相结合原则"指的是教育者要善于组织和教育学生热爱集体，并依靠集体教育每个学生，同时，通过对个别学生的教育，促进集体的形成和发展，集体教育和个别教育有机结合起来。此题选 C。

12. 解析：本题考查的是教师劳动的特点。"一把钥匙开一把锁"说明教师要因材施教；"教学有法，但无定法，贵在得法"说明教师要不断更新教学方法；"教育机智"说明在遇到突发情况时，教师要能够迅速、合理地处理问题。这些都是创造性的体现。此题选 A。

13. 解析：本题考查的是教师的职业道德。根据《中小学教师职业道德规范》，爱国守法是教师职业的基本要求。此题选 A。

14. 解析：本题考查的是教师的权利及具体表现。A 选项"教育教学权"是教师的最基本权利，具体表现为教师进行教育教学活动，开展教育教学改革和实验；B 选项"学术研究权"具体表现为教师从事科学研究、学术交流，参加专业的学术讲座，在学术活动中充分发表意见；C 选项"指导评价权"具体表现为教师指导学生的学习和发展，评定学生的品行和学业成绩；D 选项"报酬待遇权"具体表现为教师按时获取工资报酬，享受国家规定的福利待遇及寒暑假的带薪休假。此题选 C。

15. 解析：本题考查课程类型，难度中等。学科课程，也称分科课程，是将文化知识划分成若干学科，按照各学科知识的逻辑体系和培养目标筛选学科内的知识并进行设计编排的课程，目前我国中小学开设的"语文""数学"属于学科课程。此题选 A。

16. 解析：本题考查的是新课程改革的价值追求。A 选项"教育公平"要求新课程必须谋求所有适龄儿童平等享受高质量的基础教育；B 选项"国际理解"要求我国的课程体系必须追求国际性与民族性的内在统一；C 选项"回归生活世界"要求突破学校课程的疆域，寻求学校课程、家庭课程、社区课程的整合，全面培养会生存的人；D 选项"个性发展"要求每个学生都是独立发展的个体。此题选 A。

17. 解析：本题考查中国古代教育家及其思想理论。孔子在《中庸》中提出"博学之，审问之，慎思之，明辨之，笃行之"，"博学""审问"是"学"的过程，"慎思""明辨"是"思"的过程。"笃行"是"习"和"行"的过程，这 5 个阶段体现了教学过程的内在联系，是中国最早的教学过程阶段论，对中国古代教学具有重大影响。此题选 A。

18. 解析：本题考查教学方法。A 选项"讲授法"是教师运用口头语言向学生传授知识的教学方法；B 选项"谈话法"又称问答法，是教师在充分掌握学情的基础上，根据教学目标的要求设计问题，以学生已有的知识经验为基础向学生提出问题，激发学生积极思考，并通过问答的形式来使学生获取或巩固知识的教学方法；C 选项"讨论法"是学生在教师的指导下，结合自己已有的知识和认知，围绕某个问题而展开讨论，以获取新知识的教学方法；D 选项"演示法"是教师通过展示与授课内容相关的实物、教具、视频、图片等，或者演示实验，指导学生获取知识的教学方法。此题选 B。

19. 解析：本题考查的是班级的发展历史。早在 16 世纪，西欧一些国家创办的学校中就出现了班级组织的尝试，以班级的形式开展教学活动。而最早使用"班级"一词的，是文艺复兴时期的著名教育家伊拉斯谟。17 世纪，捷克教育家夸美纽斯从理论上阐明了班级这一学校组织制度，他也因此被公认为班级授课制的奠基人。此题选 A。

20. 解析：本题考查的是心理学谱系中普通心理学的概念。普通心理学是研究心理现象的性质、结构、机制、机能和规律的心理学分支学科，研究的是心理现象产生和发展的一般规律。此题选 C。

21. 解析：本题考查的是中枢神经系统。脑干由 3 部分组成：延脑、脑桥及中脑。脑干对保持人类的基本生理功能至关重要，如控制呼吸、消化、进食等，因此也被称作"生命中枢"。此题选 C。

22. 解析：本题考查的是联觉。各种知觉之间是相互作用、相互影响的，而不是孤立的。联觉是刺激作用于一种感觉器官，却产生另一种特定感觉的现象。如尖锐的声音会让人起鸡皮疙瘩，产生冷的感受。此题选 B。

23. 解析：本题考查的是知觉的特性。在日常生活中，作用于人感觉器官的客观事物是多种多样的。但是在一定时间内，人不能感受到所有的刺激，而仅仅感受到能够引起注意的少数刺激，此时，注意的对象好像从其他事物中突出来一样，出现在"前面"，而其他事物则退到"后面"去，前者是知觉的对象，后者成为知觉的背景。军事上的伪装利用的是知觉的选择性，使对象与背景差异变小，不易成为注意的对象。此题选 B。

24．解析：本题考查艾宾浩斯遗忘曲线规律。根据艾宾浩斯遗忘曲线规律，遗忘进程受时间因素的制约，最初进展快，之后逐渐缓慢。此题选 A。

25．解析：本题考查的是马斯洛的需要层次理论。马斯洛认为，人的需要包括生理需要、安全需要、归属与爱的需要、尊重的需要、求知的需要、审美的需要及自我实现的需要。其中生理需要、安全需要、归属与爱的需要、尊重的需要属于基本需要，求知的需要、审美的需要及自我实现的需要属于成长需要。此题选 D。

26．解析：本题考查的是情绪的功能。A 选项"社会功能"指的是在人际交往中，情绪是个体间进行沟通交流的重要信号；B 选项"组织功能"指的是情绪系统对其他心理活动的影响；C 选项"动机功能"指的是情绪是动机系统的组成部分，具有动机功能；D 选项"适应功能"指的是在有机体生存、发展的过程中，情绪是一种最重要的适应方式。此题选 B。

27．解析：本题考查的是卡尔特智力理论。卡特尔把智力分为两类：一是流体智力，指受遗传因素影响较大的智力，如机械记忆、类比测验、图形关系、反应速度等；二是晶体智力，指受教育因素影响较大的智力，如词汇测验、言语理解、普通常识等。此题选 B。

28．解析：本题考查精神分析理论。弗洛伊德认为，人格的成分包括本我、自我和超我。人格中最基本的部分是本我，由先天的本能和基本欲望组成，遵循"快乐原则"。自我介于现实和本能之间，是有理智和意识的，遵循"现实原则"。超我是一种监督的自我，代表着社会伦理道德，遵循"完美原则"。此题选 A。

29．解析：本题考查的是认知主义学习理论。心理学家托尔曼用老鼠走迷宫的系列实验证实了学习的实质是获得期望，形成认知地图，对完形的认知。此题选 B。

30．解析：本题考查心理效应。A 选项"首因效应"是指第一印象在人际认知过程中起着重要作用，会对后续的人际交往产生强烈的影响，也就是我们常说的"先入为主"；B 选项"近因效应"是指人际沟通中最后印象对人们的认知形成的影响；C 选项"晕轮效应"又称光环效应，是指人际交往中将对方所具有的某种特性泛化到其他相关的特性上，从局部信息主观推理形成对他人的一个完整印象；D 选项"投射效应"是指人际交往过程中把自己的特性投射到他人身上，习惯假设他人与自己有相同的倾向。此题选 B。

二、判断题（每小题 2 分，共 30 分）

题号	31	32	33	34	35
答案	√	√	×	√	×

题号	36	37	38	39	40
答案	√	√	√	√	×
题号	41	42	43	44	45
答案	√	√	√	√	√

31．解析： 本题考查的是"六艺"教育。"六艺"教育含礼、乐、射、御、书、数6科。无论是国学还是乡学，抑或是小学、大学，都以"六艺教育"为基本科目，其大致可以分成3组，即礼乐、射御、书数。其中，礼乐教育是"六艺"教育的核心。此题正确。

32．解析： 本题考查的是"心学"教育思想。"心学"是"理学"教育思想体系的重要分支，代表人物是王守仁，世称阳明先生。此题正确。

33．解析： 本题考查洋务学堂。京师同文馆是第一所洋务学堂，也是我国最早的官办新式学堂，是近代中国被动开放的产物，最初是作为外语学校设立的，后来发展成为一所以外语教学为主、兼习各门"西学"的综合性学校。此题错误。

34．解析： 本题考查阿拉伯的文化教育。阿拉伯的文化教育中初等学校主要是"昆它布"，主要教儿童通读《古兰经》。此题正确。

35．解析： 本题考查人文主义者及其教育思想与实践。维多利诺主张教育目标是培养具有社会责任感，能管理国家、主持教会和兴办产业的人；蒙田主张教育目标是培养绅士，这种绅士需要具有渊博的知识、良好的判断力、优秀的品质、强壮的体魄。此题错误。

36．解析： 本题考查政治制度对教育的影响。受教育权是由政治制度所决定的。是否有权接受教育、接受何种教育均取决于一个社会的政治体制。此题正确。

37．解析： 本题考查马克思主义关于人的全面发展学说。马克思主义的教育与生产劳动相结合的理论，是实现人的全面发展的唯一方法。此题正确。

38．解析： 本题考查高等教育的大众化。1970年和1971年，美国加州大学伯克利分校的马丁·特罗教授在《从大众向普及高等教育的转变》和《高等教育的扩张与转化》中提出了高等教育发展阶段划分的理论：当一个国家适龄青年中接受高等教育的比率在15%以下时，属于精英高等教育阶段；比率在15%～50%为大众化高等教育阶段；比率在50%以上，为普及化高等教育阶段。此题正确。

39．解析： 本题考查认知理论。认知模式是由美国心理学家柯尔伯格在其主张的道德发展理论中提出的。相关概念的提出，在一定程度上借鉴了皮亚杰的认知心理学理论。此题正确。

40．解析： 本题考查智育的目标。发展学生的心智能力或理性思维能力，是智育的主要目标之一，也是当今世界教育十分关心的重大问题。此题错误。

41．解析： 本题考查我国与教育相关的法律法规。在整个中国教育法律体系中，《中华人民共和国教育法》处于"母法"和"根本大法"的地位，具有最高的法律权威。此题正确。

42．解析：本题考查课程的类型。根据课程制定的层次，课程可分为国家课程、地方课程和学校课程。此题正确。

43．解析：本题考查上好一堂课的标准。教学中需要板书，板书是教师的教学基本功之一，在备课时，教师就应当认真设计板书，做到科学合理、简洁明了、重点突出、布局恰当、字迹工整、呈现适时。此题正确。

44．解析：本题考查心理学的流派。冯特被称为构造主义的先驱。他主张心理学应当以内省和实验相结合的方式来探索人类的直接经验（即意识）。此题正确。

45．解析：本题考查的是智力发展的一般规律。研究表明，人类的智力并非匀速增长，儿童大脑发育的两个加速期是5～6岁和13～14岁。不同性质的智力，在衰退程度上有所不同。例如，操作能力、手眼协调能力等大致从33岁开始衰退，到65岁衰退的速度加快；而写作能力则在65岁后才开始衰退。受教育程度和智力水平较高的人，他们的智力衰退年龄会推迟，衰退速度也较缓慢。此题正确。

三、填空题（每小题2分，共30分）

46．"进士科"

解析：本题考查中国古代科举制度的建立。科举制度产生于隋而确立于唐。它保障了"学而优则仕"原则的落实，是读经入仕和政治模式的充分制度化体现。隋炀帝始建"进士科"，这是科举制度确立的标志。

47．"五段教学法"

解析：本题考查新文化运动下的教育思潮与教育运动，难度中等。清末以来，西方教学法开始传入中国，最为流行的是赫尔巴特的"五段教学法"。20世纪20年代初，各种教学法相继传入中国，其中，设计教学法和道尔顿制对我国中小学的教学影响最大。

48．师徒传授

解析：本题考查古巴比伦时期的教育。古巴比伦学校教育的教学方法较为简单，主要是师徒传授——教师先做示范或演示，然后由学生临摹、抄写和背诵。

49．《政治学》

解析：本题考查古代教育家及其思想理论。亚里士多德是古希腊百科全书式的哲学家，代表作是《政治学》，他认为教育的最高目的是追求美德。

50. 文科中学

解析：本题考查德意志帝国时期的德国教育。德意志帝国时期的德国教育是典型的"三轨制"，形成了国民学校、中间学校和文科中学 3 种学校，等级性和阶级性明显。其中，文科中学的地位最高。

51. 教育手段

解析：本题考查教育的基本要素。教育的基本要素常分为 4 种，分别是教育者、受教育者、教育内容和教育手段。

52. 教育教学能力

解析：本题考查教师的专业素养。教师的专业技能包括教师的教学技巧和教育教学能力两个方面。

53. 风格美

解析：本题考查教师的人格修养。师表美包括表美、道美和风格美。"表美"指师表美的外在方面；"道美"指师表美的精神内涵或内在方面；"风格美"指德育主体"道美"与"表美"的统一。

54. 环境

解析：本题考查课程组织。课程组织的要素，即课程的基本构成。美国结构主义课程专家施瓦布认为，课程组织的四大要素是学习者、教师、教材和环境。美国课程论专家麦克尼尔从微观角度把课程组织的要素分为主题和概念、原理、技能、价值观。

55. 讲授法

解析：本题考查教学方法。讲授法是教师运用口头语言向学生传授知识的方法，它是一种古老的教学方法，也是目前运用最广泛、最普遍的一种教学方法。

56. 核心初步形成阶段

解析：本题考查班集体的发展阶段。随着同学之间的频繁往来和逐步了解，班级开始出现"小团体"，同时在班主任周围涌现出一批积极分子团队，成为班级的核心力量。这说明班集体发展到了核心初步形成阶段。

57. 内省法

解析：本题考查心理学的流派。冯特被称为构造主义的先驱。他主张心理学应当以内省和实验相结合的方式来探索人类的直接经验（即意识）。

58. 后像

解析：本题考查后像的概念。对感受器的刺激作用停止后，感觉印象并不会立即消失，仍能保持短暂的时间，这种现象就叫作感觉后效。在视觉中产生的感觉后效又叫作后像。视觉后像有正后像和负后像两种。

59． 不平衡状态

解析： 本题考查需要的含义。需要是有机体内部的一种不平衡状态，是有机体感到某种缺乏而力求获得满足的心理倾向，是有机体自身和外部生活条件的要求在头脑中的反映。

60． 双向沟通

解析： 本题考查人际沟通的分类。单向沟通比双向沟通更能准确、高效、有序地传递信息，双向沟通比单向沟通更有利于建立良好的人际关系。

四、名词解释（每小题 4 分，共 20 分）

61．解析： 本题考查教育者的含义。

教育者是从事教育活动的人，是教育活动中教的主体。教育包括提高个人的智力、增强个人的能力、提升个人的道德水平等活动。在这种情况下，每个人都应称为学习的对象，人人皆为师。如今关于"教育者"的理解，不仅要考虑其所处的社会地位和职位，还要结合其内在的品德和能力。

62．解析： 本题考查单轨学制的含义。

单轨学制是 19 世纪末 20 世纪初在美国形成的一种学制，其特点是所有学生在同样的学校系统中学习，从小学、中学到大学，各级各类学校相互衔接。这种学制有利于教育的普及，但教育参差不齐、效益低下、发展失衡，同级学校之间教学质量相差较大。

63．解析： 本题考查学科课程的含义。

学科课程也称分科课程，是将文化知识分成若干个学科，按照各学科知识的逻辑体系和培养目标筛选学科内的知识并进行设计编排的课程。学科课程是使用范围最广泛的课程类型。

64．解析： 本题考查教学原则的含义。

教学原则是为达成教学目的而在教学中遵循的基本要求。教学原则既指导教师的教，也指导学生的学。教学原则为实现教学目的服务，是对教学规律的认识和反映，对教学内容、教学方法、教学组织形式的选择和运用起到指导作用。

65．解析： 本题考查学习风格的含义。

学习风格是指学习者所具有或偏爱的学习方式及表现出来的相应的学习特征。学习方式是指在学习过程中使用的比较具体的学习方法；学习特征是指学习者在学习过程中表现出来的对学习内容、环境等的喜好、坚持性等心理特点。

五、辨析题（每小题20分，共40分）

66. 解析：本题考查魏晋南北朝时期的官学变革。上述观点不准确。

魏晋南北朝时期玄学流行，佛学兴盛，文学、史学快速发展。（5分）这对儒学产生冲击，既改变了教育思想的走向，也深刻影响了学校教育的发展。（5分）

曹魏在教育制度方面的新创是兴办律学。（5分）出于培养贵族子弟的需要，西晋设立国子学，后又设置国子祭酒、博士、助教，以教国子学生。（5分）

67. 解析：本题考查情感的含义。上述观点不准确。

情绪是一种精神活动。（5分）它并非人类所独有，动物也可以有，但是两者的情绪机理有所不同。人类的情绪除了产生生理反应，还有特定的文化区域色彩。（5分）

情感是人类固有的生理模式，是适应环境的结果。情感属性则为人类所独有，情感是一种较为高级的社会性感情，通常被用来描述较为稳定和具有深刻性社会的感情性反映。（5分）情感通常会表现出一定的社会需求性，并具有一定的稳定性和可持续发展性。情感实质上是人对于客观世界存在的一种主观体验和反应，是人对社会认识的一种情感表达。每个人对于不同事物的情感体验不尽相同，但大部分情况下，积极情感体验或消极情感体验产生的根本原因大致是相同的。（5分）

六．简答题（每小题10分，共50分）

68. 解析：本题考查现代教育家及其思想理论。

答案要点：

教育经费独立。（2分）

教育行政独立。（2分）

教育学术和内容独立。（3分）

教育脱离宗教而独立。（3分）

69. 解析：本题考查教育的个体个性化功能。

答案要点：

促进人的主体意识的发展。（3分）

促进人的个体特征的发展。（2分）

提升人的个体价值。（2分）

教育能让人意识到人生的本真，主动探索人生，进而给人以自信与力量，创造人生价

值。（3分）

70．解析：本题考查人的全面发展的现实意义。

答案要点：

人的全面发展具有重要的现实意义，其并非仅仅局限于劳动能力的增强，而是涵盖了身心健康、道德品质、个性特质等多方面的全面、和谐且充分的发展。（2分）

在过去，旧式分工造成人的片面发展。（2分）

伴随机器大工业的不断发展，为人实现全面发展创造了条件。（2分）

社会主义制度为人类构建了充分发展的良好环境。（2分）

强调把教育和生产劳动紧密结合，这不仅是实现人全面发展的基础，还是实现这一目标的关键所在。（2分）

71．解析：本题考查我国小学阶段德育的培养目标。

答案要点：

一是培养学生正确的政治方向，初步形成科学的世界观和共产主义道德意识。（3分）

二是培养学生良好的道德认识和行为习惯。（2分）

三是培养学生的道德思维和道德评价能力。（3分）

四是培养学生的自我教育能力。（2分）

72．解析：本题考查学校心理辅导的主要方式和途径。

答案要点：

独立开设专门的心理健康课程。（2分）

将心理辅导融入班级、团队活动中。（2分）

在学科教育中渗透心理辅导。（2分）

个别辅导。（2分）

团体辅导。（2分）

七、论述题（共20分）

73．解析：本题考查心理学的发展简史及代表性流派。

1879年，德国心理学家冯特在莱比锡大学建立了世界上第一个心理学实验室，使得这门学科从哲学中脱离出来，并最终发展成为一门独立的学科。（2分）

构造主义。冯特被称为构造主义的先驱。他主张心理学应当以内省和实验相结合的方式来探索人类的直接经验（即意识）。（3分）

机能主义。机能主义流派也主张研究意识，但该流派认为，意识不是个别心理元素的集合，而是不断流动变化的过程，意识是个人的、永远变化的、连续的和有选择性的。（3分）

格式塔心理学。韦特海默、柯勒和考夫卡被认为是格式塔心理学的开山鼻祖。该流派强调心理作为一个整体、一种组织的意义。（3分）

行为主义。1913年，美国心理学家约翰·华生出版的《在行为主义者看来的心理学》标志着一种新的思想形式的诞生。行为主义认为心理学的研究对象应该是可以观察的事件，即行为。（3分）

精神分析。弗洛伊德的精神分析学派将重点放在分析和探索异常的行为和思维模式。

认知心理学。1967年，美国心理学家奈瑟将当时的各种研究成果加以总结，写出了《认知心理学》一书，使得认知心理学明确成为一种思潮。（3分）

人本主义心理学。其由心理学家马斯洛和罗杰斯在20世纪50年代创立，被称为现代心理学的第三势力。（3分）

八、材料分析题（共50分）

74．解析：本题考查教师的职业道德。班主任需要具备沟通协调能力、组织管理能力、应变处理能力、分析研究能力等专业能力，教师需要具备爱国守法、爱岗敬业、关爱学生、教书育人、为人师表、终身学习等职业道德。考生可运用这些理论对材料进行分析作答。

答案要点：

材料中洪老师的行为体现了良好的教师职业道德（3分），主要表现在如下几个方面。

（1）关爱学生。关爱学生是教师职业道德的灵魂。（5分）要求教师关心、爱护学生，尊重学生人格，平等公正地对待学生。（4分）保护学生安全，守护学生健康，维护学生权益，促进学生全面、主动、健康发展。材料中洪老师为学生提供食宿、给学生垫付伙食费、面对不良青年保护学生等行为都体现了她视学生如孩子，对学生毫无保留地关爱。（4分）

（2）教书育人。教书育人是教师的天职。（5分）要求教师循循善诱，诲人不倦，因材施教。不将分数作为评价学生的唯一标准。（4分）材料中洪老师能认真负责地对待成绩不好的学生，并且进行有针对性的帮助和指导，使得学生取得进步，取得优异的成绩。（4分）

（3）终身学习。终身学习是教师个体专业化发展的动力。（5分）要求教师树立终身学习理念，不断学习，潜心钻研业务，勇于探索创新，不断提高专业素养和教育教学水平。（4分）材料中洪老师注重对自己的教育教学成败进行反思总结，通过教育随笔不断提高自己的专业素养和教育教学水平。（4分）

总之，洪老师能够严格要求自己，在教育教学中体现并践行教师职业道德规范，不仅做到了促进学生健康成长、全面发展，也促进了自身的专业发展。（8分）

（言之有理可酌情给分）

教育理论基础

全真模拟试卷（五）

参考答案及精析

一、单项选择题（每小题2分，共60分）

题号	1	2	3	4	5
答案	B	A	A	D	D
题号	6	7	8	9	10
答案	A	A	C	B	B
题号	11	12	13	14	15
答案	D	D	D	A	D
题号	16	17	18	19	20
答案	B	B	C	A	B
题号	21	22	23	24	25
答案	B	D	B	C	B
题号	26	27	28	29	30
答案	C	A	C	B	B

1. 解析：本文考查中国古代教育家及其思想理论。A选项《大学》是论述儒家修身齐家治国平天下思想的散文，是重要的教育理论著作，但其中并未有此表述；B选项《中庸》，其中有"博学之，审问之，慎思之，明辨之"的论述，被朱熹称为"为学之序"，符合题目要求；C选项《论衡》是东汉王充所著的无神论著作，与此题无关；D选项《白鹿洞书院揭示》，即《白鹿洞书院学规》，其中没有"博学之，审问之，慎思之，明辨之"的相关内容。

此题选 B。

2. **解析**：本题考查蒙学教材的类型与名称，难度中等。A 选项《三字经》属于以识字为主的综合性教材；B 选项《蒙求》属于历史知识类教材；C 选项《少仪外传》属于道德训诫类教材；D 选项《幼学琼林》属于名物常识类教材。此题选 A。

3. **解析**：本题考查中国古代主要思想学派、代表人物及作品。A 选项"孔子"与孟轲、荀况、韩愈均为儒家学派代表人物；B 选项"墨翟"是墨家学派代表人物；C 选项"韩非"是法家学派代表人物；D 选项"老子"与庄子均为道家学派代表人物。此题选 A。

4. **解析**：本题考查新文化运动下的教育思潮与教育运动，难度中等。A 选项"工读主义教育思潮"是在第一次世界大战中，蔡元培等人对旅法华人的教育活动萌发了工读主义教育思潮，新文化运动期间形成工读主义教育思潮和工读互助实践，为教育与生产劳动结合、体脑结合提供了有益的探索；B 选项"职业教育思潮"指的是清末民初的实利主义、实用主义教育思潮演变为职业教育思潮，认为教育要授人一技之长和促进实业发展，旨在改变毕业生难以升学却又谋生无能的现状，适应了中国民族资本主义发展的需要；C 选项"科学教育思潮"始于 1914 年 6 月，任鸿隽、赵元任等一批留美学者以"传播科学知识，促进实业发展"为宗旨，在美国发起成立中国科学社。D 选项"国家主义教育思潮"兴起于 20 世纪初，兴盛于 20 世纪 20 年代中期，其主旨在于以国家为中心，反对社会革命，通过加强国家观念的教育来实现国家的统一和独立。其以爱国主义为标榜，主张以国家为中心改革教育流弊，本质上是一种教育救国论。此题选 D。

5. **解析**：本题考查的是古代教育家及其思想理论。在柏拉图看来，理性教育阶段，培养在哲学上表现出高深造诣的人，称为柏拉图教育立项中的哲学家兼政治家。此题选 D。

6. **解析**：本题考查人文主义教育与实践。A 选项"弗吉里奥"是意大利人文主义者，也是第一位系统阐述人文主义教育思想的教育家；B 选项"维多利诺"被誉为"第一位新式学校的教师"；C 选项"伊拉斯谟"是尼德兰共和国的一位人文主义教育家；D 选项"蒙田"是文艺复兴后期法国杰出的具有批判意识的人文主义学者和教育家。此题选 A。

7. **解析**：本题考查的是教育的概念。"教育"一词在中国最早见于《孟子·尽心上》——"得天下英才而教育之，三乐也"。此题选 A。

8. **解析**：本题考查的是个体身心发展的一般规律。个体在不同年龄阶段的身心发展和在同一个年龄阶段不同方面的身心发展是不平衡的，有不同的侧重方面。具体而言，人的语言、思维、记忆等发展都存在不同的关键期，错过了关键期，补救教育很难成功。此题选 C。

9. **解析**：本题考查卡特尔流体智力与晶体智力理论，难度中等。根据卡特尔流体智力与晶体智力理论及有关研究表明，流体智力发展和年龄密切相关，一般 20 岁以后发育最快，30 岁以后随年龄增长而减少；晶体智力并不随年龄增长而降低，有的因阅历丰富、学识丰富而呈现上升趋势。此题选 B。

10. 解析：本题考查的是现代学校教育制度的类型。双轨学制将学校系统分为两轨：一轨是为资产阶级子女设立的，自上而下，其结构是大学（也包括其他高等学校）、中学（包括中学预备班），具有较强的学术性；另一轨是为劳动人民子女设立的，自下而上，其结构是小学（后来是小学和初中）及其后的职业学校（先是与小学相连的初等职业教育，后发展为和初中相连的中等职业教育），是为培养劳动者服务的。这两轨既不相通，也不相接，甚至最初也不对这种学制教育进行普及。此题选B。

11. 解析：本题考查1949年以前我国的主要学制，难度中等。A选项"壬寅学制"又称《钦定学堂章程》，是中国近代第一个以中央政府名义制定的全国性学制系统；B选项"癸卯学制"又称《奏定学堂章程》，是中国近代由政府颁布并首次得到施行的全国性法定学制，较"壬寅学制"更为系统、详备；C选项"壬子癸丑学制"又称"1912—1913学制"，是民国的第一个学制，比较全面地反映了资产阶级对教育的要求；D选项"壬戌学制"又称"六三三"制，是中国近代史上实施时间最长、影响最大的学制。此题选D。

12. 解析：本题考查德育原则的基本概念及具体要求，难度中等。A选项"尊重信任学生与严格要求学生相结合的原则"指的是教育者既要尊重和信任学生，又要对学生提出严格的要求，把"严"和"爱"有机地结合起来，促使教育者的合理要求转化为学生的自觉行动；B选项"教育影响的一致性和连贯性原则"指的是教育者应主动协调多方教育力量，统一认识和步调，有计划、系统、前后连贯地教育学生，发挥教育的整体功能，培养学生形成良好的思想品质；C选项"发扬积极因素、克服消极因素原则"又称长善救失原则，指的是教育者要一分为二地看待学生，依靠学生的积极因素，克服消极因素，因势利导，化消极因素为积极因素；D选项"集体教育与个别教育相结合原则"指的是教育者要善于组织和教育学生热爱集体，并依靠集体教育每个学生，同时，通过对个别学生的教育，促进集体的形成和发展，集体教育和个别教育有机结合起来。此题选D。

13. 解析：本题考查的是德育的途径。德育的途径主要有如下几种。思想品德课与其他学科教育（基本途径）；社会实践活动，包含组织学生参加劳动、开展勤工俭学活动、组织学生参加社会政治活动3种类型；课外、校外活动；共青团及少先队组织的活动；校会、班会、周会、晨会、时事政策学习；班主任工作（重要又特殊的途径）。学生参观历史博物馆、走访抗日战士等活动属于课外、校外活动。此题选D。

14. 解析：本题考查的是教师的自我教育中的个体专业化发展。A选项"师范教育"是教师个体专业化发展的起点和基础，是建立在教师的专业特性之上，为培养教师专业人才服务的；B选项"入职辅导"是一个安排有序的计划，意在专门向新教师提供至少为期一年的系统而持续的帮助，使之尽快适应环境，进入角色；C选项"在职培训"主要包括教学反思、校本培训、校外支援与合作等形式；D选项"教师的自我教育"就是教师专业化的自我建构，是教师个体专业化发展最直接、最普遍的途径。此题选A。

15. 解析：本题考查的是教师的权利及具体表现。A选项"教育教学权"是教师的最基本权利，具体表现为教师进行教育教学活动，开展教育教学改革和实验；B 选项"学术研究权"具体表现为教师从事科学研究、学术交流，参加专业的学术讲座，在学术活动中充分发表意见；C 选项"指导评价权"具体表现为教师指导学生的学习和发展，评定学生的品行和学业成绩；D 选项"报酬待遇权"具体表现为教师按时获取工资报酬，享受国家规定的福利待遇及寒暑假的带薪休假。此题选 D。

16．解析：本题考查的是新课程改革的价值追求。A 选项"教育公平"要求新课程必须谋求所有适龄儿童平等享受高质量的基础教育；B 选项"国际理解"要求我国的课程体系必须追求国际性与民族性的内在统一；C 选项"回归生活世界"要求突破学校课程的疆域，寻求学校课程、家庭课程、社区课程的整合，全面培养会生存的人；D 选项"个性发展"要求每个学生都是独立发展的个体。此题选 B。

17．解析：本题考查的是班级的发展历史。早在 16 世纪，西欧一些国家创办的学校中就出现了班级组织的尝试，以班级的形式开展教学活动。而最早使用"班级"一词的，是文艺复兴时期著名的教育家伊拉斯谟。17 世纪，捷克教育家夸美纽斯从理论上阐明了班级这一学校组织制度，他也因此被公认为班级授课制的奠基人。此题选 B。

18．解析：本题考查的是大脑的结构和功能。大脑是人类精神活动的核心，它的结构和功能十分复杂。脑细胞，即神经元，是构成大脑的基本单位，有接收、传递和整合信息的功能。此题选 C。

19．解析：本题考查的是小脑功能与人的行为动作之间的关系。小脑位于大脑背面，是较为古老的一个脑组织，它的功能是协助大脑保持身体的平衡和协调动作。当小脑受损时，人们可能出现运动障碍，甚至无法进行基本的活动。此题选 A。

20．解析：本题考查听觉的相关知识，难度中等。听觉的最佳刺激范围为 16～20 000Hz，小于 16Hz 和超过 20 000Hz 的声音人耳听不到，人耳对范围在 1 000～4 000Hz 的声波尤为敏感。此题选 B。

21．解析：本题考查的是感觉的基本规律及其应用。感觉对比是指同一感觉器官在不同刺激物作用下，感觉在强度上和性质上发生变化的现象。同一口井水，冬天人觉得它温暖，夏天人觉得它清凉，这是在外界温度的对比下产生的感觉现象，属于感觉对比。此题选 B。

22．解析：本题考查的是马斯洛的需要层次理论。马斯洛认为，人的需要包括生理需要、安全需要、归属与爱的需要、尊重的需要、求知的需要、审美的需要及自我实现的需要。其中生理需要、安全需要、归属与爱的需要、尊重的需要属于基本需要，求知的需要、审美的需要及自我实现的需要属于成长需要。此题选 D。

23．解析：本题考查的是动机的基本功能。动机的基本功能包括激活功能、引导功能、维持功能和调节功能。在目标的引导下，玲玲的活动指向购买书籍、听课、确定时间等，属于学习动机的引导功能。此题选 B。

24．解析：本题考查的是情绪的功能。A 选项"社会功能"指的是在人际交往中，情绪是个体间进行沟通交流的重要信号；B 选项"组织功能"指的是情绪系统对其他心理活动的影响；C 选项"动机功能"指的是情绪是动机系统的组成部分，具有动机功能；D 选项"适应功能"指的是在有机体生存、发展的过程中，情绪是一种最重要的适应方式。此题选 C。

25．解析：本题考查的是人格测验的类型。16PF、MMPI、EPQ 均属于自陈式人格测验，TAT 是投射式人格测验。此题选 B。

26．解析：本题考查的是良好人格的培养。良好人格的培养，依靠各种因素的密切配合和相互作用。遗传是人格发展可能性的内因，环境是人格发展现实性的外因，教育对良好人格的培养起了关键性的作用，自我调控系统是人格发展的决定性因素。此题选 C。

27．解析：本题考查的是认知主义学习理论。布鲁纳认为，学习知识主要是通过类别化的信息加工活动，积极主动地形成认知结构或知识的类目编码系统的过程。此题选 A。

28．解析：本题考查心理效应。A 选项"首因效应"是指第一印象在人际认知过程中起着重要作用，会对后续的人际交往产生强烈的影响，也是我们常说的"先入为主"；B 选项"近因效应"是指人际沟通中最后印象对人们的认知形成的影响；C 选项"晕轮效应"又称光环效应，是指人际交往中将对方所具有的某种特性泛化到其他相关的特性上，从局部信息主观推理形成对他人的一个完整印象；D 选项"投射效应"是指人际交往过程中把自己的特性投射到其他人的身上，习惯假设他人与自己有相同的倾向。此题选 C。

29．解析：本题考查的是人际吸引的影响因素。个人品质可以反映出他的性格特点和价值观念。如果一个人具有积极向上、诚实守信、乐于助人等品质，就更容易得到他人的喜欢和尊重。此题选 B。

30．解析：本题考查的是应对挫折的方式方法。补偿是当人所追求的理想遭受阻碍，或者因自己的某些不足而不能实现所愿时，用某一个对象来替代或采取某一项行为的补偿，以此缓解心灵上的不适感。此题选 B。

二、判断题（每小题 2 分，共 30 分）

题号	31	32	33	34	35
答案	√	×	√	×	√
题号	36	37	38	39	40
答案	×	√	√	√	√
题号	41	42	43	44	45
答案	√	×	√	√	√

31. **解析**：本题考查儒家教育思想。孔子认为，人口、经济与教育是立国和治国的三大要素，教育对社会发展具有重要作用。孔子是中国教育史上最先论述教育与经济社会发展关系的教育家。此题正确。

32. **解析**：本题考查洋务学堂。福建船政学堂又称"求是堂艺局""福州船政学堂"，是福建船政局的组成部门，是延续时间最长的洋务学堂，也是我国近代第一所培养海军人才的学校，其为中国海军输送了第一代舰战指挥和驾驶人才，是中国近代海军的摇篮。此题错误。

33. **解析**：本题考查我国近代教育体制的发展。1905年，清政府下令废科举、兴学校，自此，实行了1300年之久的科举制度宣告终结。此题正确。

34. **解析**：本题考查明治维新期间的日本封建教育。日本明治维新期间对教育体制进行了重大改革，传统藩国的教育机构在这一时期发生了很大变化，不再单纯地称为"藩学"。明治维新推动了教育的现代化进程，建立了新的教育体系和教育机构，与之前藩国时期的教育有明显区别。此题错误。

35. **解析**：本题考查义务教育的确立和发展，难度中等。资本主义社会率先开创了义务教育制度，德国是世界上最早实施义务教育的国家，后来，美国、英国、日本相继实行了义务教育。此题正确。

36. **解析**：本题考查教师的职业道德。教书育人是教师的天职，教育教学活动从现象上看是"教书"，但是教师操作知识与技能的目的还在于学生，因而，"育人"是教师职业劳动的本质。此题错误。

37. **解析**：本题考查课程类型，难度中等。学科课程，也称分科课程，是将文化知识分成若干学科，按照各学科知识的逻辑体系和培养目标筛选学科内的知识并进行设计编排的课程，学科课程是使用范围最广泛的课程类型。此题正确。

38. **解析**：本题考查教学过程的结构。领会知识就是教师通过适当的教学方法和手段使学生感知和理解教学内容的过程，这是教学的中心环节。此题正确。

39. **解析**：本题考查启发性原则。启发性原则是指教师围绕教学目标，鼓励学生独立思考，培养积极思维，引导学生自觉主动地学习和掌握科学知识，提升分析问题和解决问题的能力。德国教育家第斯多惠曾说："坏的教师奉送真理，好的教师则叫人发现真理。"这说明他主张启发性教学。此题正确。

40. **解析**：本题考查心理学的发展简史。1879年，德国心理学家冯特在莱比锡大学建立了世界上第一个心理学实验室，使得这门学科从哲学中脱离出来，并最终发展成为一门独立的学科。此题正确。

41. **解析**：本题考查心理学的流派。韦特海默、柯勒和考夫卡被认为是格式塔心理学的开山鼻祖。该流派强调心理作为一个整体、一种组织的意义。此题正确。

42．**解析**：本题考查成就动机理论。阿特金森认为，有两种不同的成就动机，即力求成功和避免失败。力求成功者追求卓越、成就感，成功概率在50%的任务最能激发他们的积极性。此题错误。

43．**解析**：本题考查心理发展的主要特点。一般情况下，个体的心理发展都会遵循一定的方向和顺序，具有不可逆性。此题正确。

44．**解析**：本题考查建构主义的学习理论。维果斯基强调，在人的心理发展中，社会文化起到了非常重要的作用。他认为，人的高级心理机能是个体通过语言，在实践活动中形成和发展起来的。此题正确。

45．**解析**：本题考查影响学习迁移的因素。学习材料之间相同要素越多，迁移量越大。有意识地对学习材料之间的异同点进行辨认区别，会促进正迁移的发生，也可以抑制负迁移。此题正确。

三、填空题（每小题2分，共30分）

46．崇宁兴学

解析：本题考查学生对北宋三次兴学的掌握。北宋三次兴学，第一次为"庆历兴学"，由范仲淹于宋仁宗庆历四年发起；第二次为"熙宁兴学"，由王安石于宋神宗熙宁四年发起；第三次为"崇宁兴学"，由蔡京于宋徽宗崇宁元年发起。

47．王守仁

解析：本题考查的是"心学"教育思想。"心学"是"理学"教育思想体系的重要分支，代表人物是王守仁，世称阳明先生。

48．道尔顿制

解析：本题考查新文化运动下的教育思潮与教育运动，难度中等。清末以来，西方教学法开始传入中国，最为流行的是赫尔巴特的"五段教学法"。20世纪20年代初，各种教学法相继传入中国，其中，设计教学法和道尔顿制对我国中小学的教学影响最大。

49．福禄培尔

解析：本题考查外国近代教育家及其思想理论。福禄培尔是19世纪德国著名学前教育家，创办了世界上第一所幼儿园，被誉为"幼儿教育之父"。

50．心理发展

解析：本题考查个体身心发展的一般规律。个体身心发展由两部分组成，一是身体发育，二是心理发展。

51. 孔子

解析：本题考查中国古代教育家及其思想理论。孔子在《中庸》中提出"博学之，审问之，慎思之，明辨之，笃行之"，"博学""审问"是"学"的过程，"慎思""明辨"是"思"的过程。"笃行"是"习"和"行"的过程，这5个阶段体现了教学过程的内在联系，是中国最早的教学过程阶段论，对中国古代教学具有重大影响。

52. 归因理论

解析：本题考查归因理论。海德在1958年提出了归因理论，核心假设是，人总是试图维护积极的自我形象，有理解世界和控制环境的需要。

53. 自我效能

解析：本题考查自我效能感理论。美国心理学家班杜拉提出自我效能感理论，他认为情绪和生理状态也影响自我效能。

54. 心境

解析：本题考查情绪的分类。情绪具有多样性，情绪的状态可以分为应激、激情、心境。

55. 交际性

解析：本题考查气质的维度，难度中等。气质是指心理活动的速度、强度、指向性和灵活性，通常也称脾气、秉性，主要受遗传因素影响，受后天的教育和文化影响较小。气质和个人的神经系统活动类型密切相关，无好坏之分。气质包含活动性、情绪性、交际性这3个维度。

56. 负惩罚

解析：本题考查惩罚理论。惩罚用来减少不喜欢的行为出现的频率。其中，正惩罚是指行为发生之后给予厌恶刺激，以降低该行为出现的可能性；负惩罚是指行为发生之后撤除愉快刺激，以降低该行为出现的可能性。

57. 自我监控

解析：本题考查自我意识及其发展。自我意识是指作为主体的"我"对自己的各个方面的认知，以及自己与周围关系的认知。自我意识包括自我认识、自我体验和自我监控。自我意识发展可以分为3个阶段：生理自我、社会自我和心理自我。

58. 效果律

解析：本题考查行为主义的学习理论。桑代克通过饿猫开迷箱的实验得出学习要遵守3条定律：准备律、练习律、效果律，即试误-联结学习理论。

59. 情感

解析：本题考查教学目标及其类型。美国心理学家、教育家布卢姆于1956年提出金字塔形状版本的教育分类法。其教学目标涵盖认知、动作技能及情感三大领域。

60．最近发展区

解析：本题考查最近发展区。最近发展区是指个体不能独立完成，但在教师或同伴的帮助下能完成的学习任务。因此，教育者要帮助最近发展区的儿童，使其顺利完成学习任务，进入即将到达的发展水平，具体方式是支架式教学。

四、名词解释（每小题4分，共30分）

61．**解析**：本题考查受教育者的含义。

受教育者是指在各种教育活动中以学习为基本任务的人，是学的主体，也常被称为"学习者"。学习者是教育活动中不可或缺的一部分，他们不仅仅指学校里的学生，也指在各种形式的成人教育组织中学习的成年人。他们持续不断地学习，并且要求自己不断进步，以满足社会发展的需求。

62．**解析**：本题考查中间型学制的含义。

中间型学制又称分支制，是20世纪上半叶苏联建立的一种学制，这是一种介于双轨制和单轨制之间的学制结构。分支制在基础教育阶段是共同的，儿童在接受了共同的基础教育后再进行分流；一部分继续接受普通教育，一部分接受职业教育后就业。这种学制既有利于教育的普及，又使学术性保持较高水平。但由于课时多，课程复杂，教学计划、教学大纲和教科书必须统一，教学不够灵活。

63．**解析**：本题考查活动课程的含义。

活动课程又称生活课程、经验课程或儿童中心课程等，是以受教育者亲自在活动中获得具体的经验为中心而组织的课程。该课程的特点是打破了学科的知识体系，从学习者的兴趣和经验出发。

64．**解析**：本题考查讲授法的含义。

讲授法是教师运用口头语言向学生传授知识的方法，它是一种古老的教学方法，也是目前运用最广泛、最普遍的一种教学方法。讲授法又分为讲述、讲解、讲读、讲演等形式。

65．**解析**：本题考查支架式教学的含义。

支架式教学是教学活动中教师为学习者理解知识提供一种概念的框架，而"框架"是学习者进一步学习所需要的。支架式教学的概念是从工人建房子使用的支架引申而来的，如同建筑支架在搭建房屋中的作用，教学支架通过给学习者提供支持，帮助学习者完成无法独立完成的学习任务，获得新技能。

五、辨析题（每小题20分，共40分）

66．解析： 本题考查洋务派"中体西用"的教育思想。上述观点不准确。

"中体西用"指的是"中学为体，西学为用"，它是洋务派关于中西文化关系的核心命题，也是洋务教育的指导思想和基本方针。（8分）

张之洞在《劝学篇》中系统阐述了"中体西用"教育思想。关于"中学"与"西学"的关系，张之洞主张"旧学为体，新学为用，不使偏废"。学"西学"必先通"中学"，要存"中学"，又不得不讲"西学"。（4分）

洋务教育的指导思想是张之洞阐述的"中体西用"教育思想，既是洋务派的文化教育观，也是应对顽固派的策略，其本质是一种调和的折中主义。"中体西用"的主旨在于维护封建政治制度和纲常名教的正统地位，并未涉及中国文化传统和政体的改造，表现出严重的局限性。（8分）

67．解析： 本题考查智力与创造力的关系。上述观点不准确。

斯滕伯格和洛巴特研究表明，个体创造力的发挥受知识、智力、动机、环境、认知风格、人格特征等因素影响。（8分）

智力会影响个体对问题情境的感知、表征和问题解决策略的选择等过程。（8分）研究表明，智力和创造力之间的关系为：低智力一般难有创造力；智商为100～130的人群具有高创造力；智力是创造力的必要不充分条件，高智力不一定有高创造力。（4分）

六、简答题（每小题10分，共50分）

68．解析： 本题考查经济对教育发展的影响。

答案要点：

第一，经济发展水平制约着教育事业发展的速度和规模。（2分）

第二，人才培养的规格和结构受经济发展水平的制约。（2分）

第三，经济发展水平影响着课程设置和教学内容的变革。（2分）

第四，随着社会经济的不断发展，教育的组织形式、手段、方法等都进行了深刻的变革与创新。（4分）

69．解析： 本题考查教育目的的功能。

答案要点：

教育目的不仅为受教育者提供了一个明确的学习方向，也为教育者提供了一个明确的

工作方向和追求目标,此为教育目的的导向功能。(3分)

教育目的使教育活动的参与者们为实现教育目的克服种种困难,共同努力,此为教育目的的激励功能。(3分)

教育目的是衡量、评价教育实施效果的根本依据和标准。评价学校的办学水平与办学效益、检查教育教学工作的质量、评价教师的教学质量与工作效果、检查学生的学习质量和发展程度等都必须以教育目的为依据和标准来进行。此为教育目的的评价功能。(4分)

70. 解析:本题考查德育的内容。

答案要点:

理想信念教育。(2分)

社会主义核心价值观教育。(2分)

中华优秀传统文化教育。(2分)

生态文明教育。(2分)

心理健康教育。(2分)

71. 解析:本题考查运用谈话法的基本要求。

答案要点:

谈话前要做好充分准备。(3分)

谈话要面向全体学生。(2分)

谈话过程中要善于引导。(3分)

谈话结束时要做好小结。(2分)

72. 解析:本题考查人格的基本性质。

答案要点:

独特性。影响人格形成的因素,包括遗传、教育和环境等。影响因素的独特性,造就了人格的独特性。(3分)

稳定性。人格一旦形成就难改变。人格特征在不同时空下表现出一致性。(2分)

综合性。人格是一个统合体,由多种成分构成,受意识调控而具有统一性。(2分)

功能性。人格特征通过影响思维方向来影响行为的结果,具有功能性。(3分)

七、论述题(共20分)

73. 解析:本题考查学习动机的激发。

答案要点：

设置合理目标。一般来说，具体明确、中等难度、近期可达到的目标，能有效激发学生的学习动机。（3分）

有效利用反馈与评价。对学习结果的及时反馈与评价，有利于激发学生的学习动机。（2分）

增强学习任务的趣味性。增强学习任务的趣味性是激发学生学习动机的有效策略之一。（3分）

合理运用奖励和惩罚。适当的表扬、批评，能够强化学生的学习动机。（3分）

科学利用竞争与合作。课堂中的竞争与合作是影响学生学习动机的重要因素。（2分）

向学生表达明确可行的期待。教师的期待对激发学生的学习动机有显著影响。（2分）

增强自我效能感。（2分）

进行归因训练。对学习结果的归因，不仅影响学生的学习动机，也影响今后的学习行为。（3分）

八、材料分析题（共50分）

74. 解析： 本题考查教学方法。"教学有法，但无定法。"常用的教学方法有讲授法、谈话法、讨论法、演示法、练习法、读书指导法等。但在实际教学中教师往往不是单一使用一种方法，而是可以根据教学的实际，多种方法配合使用，在不同的教学环节结合具体需要采用最恰当的教学方法。考生可运用这些理论对材料进行分析作答。

答案要点：

材料中李老师的这堂课很成功，能够调动学生的积极性。（3分）

讨论法是学生在教师指导下为解决某个问题进行探讨、辩论，从而获取知识的一种方法。（3分）材料中李老师让学生以小组的形式讨论"三角形在日常生活中的应用"，同时，李老师在旁边还做一些简单的指导。这充分体现了讨论法。（2分）

讨论法具有以下优点：有利于学生集思广益，互相启发，加深理解；（3分）有利于激发学习动机，刺激学生积极思考，训练学生语言表达和组织能力，增进同学之间的感情。（3分）但是在应用该法的过程中，教师需要注意以下几点。第一，讨论前做好充分准备。抓好问题是讨论的前提，问题要有吸引力，能激起学生的兴趣，有讨论、钻研的价值。（3分）第二，讨论中要对学生进行启发、引导。启发学生独立思考，勇于发表自己的看法，围绕中心议题发言。（3分）第三，在讨论结束时要做好小结。（3分）

新课程改革提倡自主、合作、探究的学习方式。（4分）现代学习方式不仅包括许多具体的学习方式，还以弘扬人的主体性精神和促进学生可持续发展为目标。（4分）李老师能够按照新课程改革要求，做到以人为本，调动学生积极性，让学生积极探讨，发扬创新精神。（4分）

教学方式的改革强调由教师传授知识，学生被动接受知识转变为教师引导探求知识，学生主动学习知识；教材中的知识由脱离生活的知识转为与社会紧密相连的知识。（2分）李老师转变传统教学方式，在讲授基础之上，让学生成为学习的主人翁。（3分）

材料中还体现了合作学习法。（2分）合作学习是一种让学生在小组中相互帮助学习的教学方法。李老师让同学之间进行合作交流，不仅有助于培养学生主动求知的能力，还能提高学生在合作过程中的人际交往能力。（3分）

李老师还运用了分组教学法。（2分）分组教学是教师根据学生的实际水平，将学生分成人数大约均等的若干小组，有针对性地进行课堂教学。李老师做到了一视同仁，按照学生的高矮分组，而不是学习成绩。（3分）

（言之有理可酌情给分）

教育理论基础

全真模拟试卷（六）

参考答案及精析

一、单项选择题（每小题2分，共60分）

题号	1	2	3	4	5
答案	B	B	B	A	C
题号	6	7	8	9	10
答案	A	B	C	B	B
题号	11	12	13	14	15
答案	A	D	D	D	A
题号	16	17	18	19	20
答案	B	A	C	C	A
题号	21	22	23	24	25
答案	D	A	C	A	D
题号	26	27	28	29	30
答案	A	C	A	A	D

1. 解析：本题考查的是我国古代书院的发展。A选项"白鹿洞书院"主张"己所不欲，勿施于人；行有不得，反求诸己"；B选项"东林书院"主张"风声雨声读书声声声入耳，家事国事天下事事事关心"；C选项"石鼓书院"主张"格物致知""诚意正心"；D选项"岳麓书院"主张"实事求是"。此题选B。

2. 解析：本题考查蒙学教材的类型与名称，难度中等。A选项《三字经》属于以识字为主的综合性教材；B 选项《蒙求》属于历史知识类教材；C 选项《少仪外传》属于道德训诫类教材；D 选项《幼学琼林》属于名物常识类教材。此题选 B。

3. 解析：本题考查中国古代主要思想学派、代表人物及作品。A 选项"孔子"与孟轲、荀况、韩愈均为儒家学派代表人物；B 选项"墨翟"是墨家学派代表人物；C 选项"韩非"是法家学派代表人物；D 选项"老子"与庄子均为道家学派代表人物。此题选 B。

4. 解析：本题考查的是中国近代教育的发展与演变。京师同文馆是第一所洋务学堂，也是我国最早的官办新式学堂，是近代中国被动开放的产物，最初是作为外语学校设立的，后来发展成为一所以外语教学为主、兼习各门"西学"的综合性学校。其培养了中国近代第一批翻译、外交人才和具有近代思想、科技、教育人才，既是洋务运动在教育领域实践的开端，也是中国近代教育的开端，标志着中国学习西方由观念落实为实践。此题选 A。

5. 解析：本意考查的是我国近代教育家及其思想理论。A 选项"康有为"提出"才智之民多则国强，才智之士少则国弱"的观点；B 选项"梁启超"认为，国势强弱随着人民的受教育程度而转移，必须通过教育达到"开民智"的目的，主张通过教育培养"新民"；C 选项"严复"是首位以德、智、体三要素设计教育目标的思想家；D 选项"蔡元培"提出军国民教育、实利主义教育、道德教育、美感教育和世界观教育"五育并举"的教育方针。此题选 C。

6. 解析：本题考查古代东方国家的教育。A 选项"古巴比伦教育"的发展，尤其是其专门学校教育的出现，标志着人类教育发展步入新的历史时期，古巴比伦教育是"人类最初的学校教育的摇篮，也是人类正式教育的起点"；B 选项"古埃及教育"已形成完善的学校体系，设置宫廷学校、僧侣学校、职官学校、文士学校四类学校；C 选项"古印度教育"，在佛教兴起前，古印度教育由婆罗门垄断，教育等级性突出，接受教育仅限于婆罗门、刹帝利和吠舍三大种姓，首陀罗和贱民则被剥夺了受教育权；D 选项"古希腊教育"属于古代欧洲教育，总体而言，分为荷马时代的教育、古风时代的教育和古典时代的教育。此题选 A。

7. 解析：本题考查人文主义教育与实践。A 选项"弗吉里奥"是意大利人文主义者，也是第一位系统阐述人文主义教育思想的教育家；B 选项"维多利诺"被誉为"第一位新式学校的教师"；C 选项"伊拉斯谟"是尼德兰共和国的一位人文主义教育家；D 选项"蒙田"是文艺复兴后期法国杰出的具有批判意识的人文主义学者和教育家。此题选 B。

8. 解析：本题考查外国近代教育家及其思想理论。A 选项"洛克"是英国著名的实证主义者；B 选项"卢梭"是法国启蒙运动时期杰出的思想家和教育家，是坚定的性善论者，以"自然教育理论"著称；C 选项"斐斯泰洛奇"是 19 世纪瑞士著名的民主主义教育家，世界教育史上第一位明确提出"教育心理学化"的教育家，被称为"现代初等学校各科教学法的奠基人"；D 选项"赫尔巴特"是德国著名教育家，被誉为"现代教育学之父""科学教育学的奠基人"。此题选 C。

9. 解析：本题考查的是学校教育对个体身心发展的作用。个体的身份体现着其在整个社会结构中的地位，也体现着各种社会关系。个体所从事的职业与个体在社会中所处的地位，在很大程度上以其所接受的教育和训练为前提，教育是促进个体的职业社会化和身份社会化的重要手段。此题选 B。

10. 解析：本题考查现代学校教育制度的类型。现代学制最早出现在欧洲，双轨学制形成于 18 世纪、19 世纪的西欧，英国等欧洲国家的学制都属于此类型。此题选 B。

11. 解析：本题考查的是现代学校教育制度的类型。单轨学制是 19 世纪末 20 世纪初在美国形成的一种学制，其特点是所有学生在同样的学校系统中学习，从小学、中学到大学各级各类学校相互衔接。这种学制有利于逐级普及教育，有更大的适应能力，因此被世界上许多国家采用。此题选 A。

12. 解析：本题考查我国新时期德育发展的新主题，难度中等。生存教育、生命教育和生活教育并称"三生教育"，"三生教育"之间互为条件、密不可分、相辅相成，是一个有机统一的整体。生命教育是前提、根本，生存教育是基础、关键，生活教育是方向、目标。此题选 D。

13. 解析：本题考查德育原则的基本概念及具体要求，难度中等。A 选项"尊重信任学生与严格要求学生相结合的原则"指的是教育者既要尊重和信任学生，又要对学生提出严格的要求，把"严"和"爱"有机地结合起来，促使教育者的合理要求转化为学生的自觉行动；B 选项"教育影响的一致性和连贯性原则"指的是教育者应主动协调多方教育力量，统一认识和步调，有计划、系统、前后连贯地教育学生，发挥教育的整体功能，培养学生形成良好的思想品质；C 选项"发扬积极因素、克服消极因素原则"又称长善救失原则，指的是教育者要一分为二地看待学生，依靠学生的积极因素，克服消极因素，因势利导，化消极因素为积极因素；D 选项"正面教育与纪律约束相结合原则"指的是教育者既要正面引导，说服教育，启发自觉，调动学生接受教育的内在动力，又要辅之必要的纪律约束，并使两者有机结合起来。此题选 D。

14. 解析：本题考查的是教师的职业角色特征。教师负有传递社会传统道德、价值观念的使命，除了社会一般道德、价值观，教师还对学生的"做人之道""为业之道""治学之道"等有引导和示范的责任，这体现出教师担任的职业角色是传道者。此题选 D。

15. 解析：本题考查的是教师个体专业化发展的基本途径。师范教育是教师个体专业化发展的起点和基础，是建立在教师的专业特性之上，为培养教师专业人才服务的。此题选 A。

16. 解析：本题考查的是教师的职业道德。终身学习属于教师职业道德内容，是教师个体专业化发展的不竭动力，要求教师树立终身学习的意识，不断拓宽视野、更新知识，如参加教学研讨会、培训等。此题选 B。

17. 解析：本题考查的是学生的主要权利。学生享有受教育权（最基本的权利）、人身权、财产权等主要权利，受教育权又具体表现为受满法定年限教育权、学习权、公正评价权，"某小学以学习不好为由开除学生"这种做法侵犯了学生的受满法定年限教育权。此题选 A。

18. 解析：本题考查的是新课程改革的价值追求。A 选项"教育公平"要求新课程必须谋求所有适龄儿童平等享受高质量的基础教育；B 选项"国际理解"要求我国的课程体系必须追求国际性与民族性的内在统一；C 选项"回归生活世界"要求突破学校课程的疆域，寻求学校课程、家庭课程、社区课程的整合，全面培养会生存的人；D 选项"个性发展"要求每个学生都是独立发展的个体。此题选 C。

19. 解析：本题考查的是班集体的特征。对于几十人的集体而言，需要严格的规章制度和纪律来规范个体行为、统一价值观，从而维持良好运转。此题选 C。

20. 解析：本题考查的是个体意识与个体无意识。自我意识活动包括对外部事物的觉知、对内部刺激的觉知、对自我体验的主体性的觉知、对内部心理活动的觉知等方面。自我意识是个体心理活动的重要特点，是个体在一定发展阶段才出现的。低等动物和婴儿的自我意识尚未发展，没有自我分析和自我评价的能力。此题选 A。

21. 解析：本题考查的是脑的结构。根据相关研究，大脑左、右半球的功能存在明显差异。其中，大脑左半球主要负责语言、阅读、书写、数学预测及逻辑推理，而大脑右半球则负责感知物体的空间关系、情感、欣赏音乐和艺术。此题选 D。

22. 解析：本题考查听觉的相关知识，难度中等。听觉的最佳刺激范围为 16～20 000Hz，小于 16Hz 和超过 20 000Hz 的声音人耳听不到，人耳对范围在 1 000～4 000Hz 的声波尤为敏感。此题选 A。

23. 解析：本题考查的是注意的特征。注意的分配是指把注意分配到单位时间内存在两种或两种以上的对象或活动上。"司机在驾驶汽车时手扶方向盘，脚踩油门，眼睛要随时注意路标和行人"就是将注意同时分配到不同的对象上，体现了注意的分配。此题选 C。

24. 解析：本题考查马斯洛的需要层次理论。A 选项"自我实现的需要"是最高层次的需要，它帮助个体充分发掘自身的潜能，通过努力去实现自身的梦想，成就最好的自己；B 选项"安全需要"体现在人们对稳定、安全、可靠性和秩序的追求上；C 选项"归属与爱的需要"是人作为社会性动物，渴望归属于某个群体并被他人或群体接纳、支持和认可的需要；D 选项"尊重的需要"包括自尊和希望受到他人尊重的需要。此题选 A。

25. 解析：本题考查的是韦纳三维度六因素归因理论。黄馨把这次考试失败的原因归结于自己基础掌握不扎实，且没有认真复习，即归因于努力程度因素。努力程度属于内部、不稳定、可控归因。此题选 D。

26. 解析：本题考查的是情绪的功能。A 选项"社会功能"指的是在人际交往中，情绪是个体间进行沟通交流的重要信号；B 选项"组织功能"指的是情绪系统对其他心理活动的影响；C 选项"动机功能"指的是情绪是动机系统的组成部分，具有动机功能；D 选项"适应功能"指的是在有机体生存、发展的过程中，情绪是一种最重要的适应方式。此题选 A。

27．解析：本题考查的是现代智力理论。加德纳提出多元智力理论，他认为，人的智力是多元的，都有独特的解决问题的方法，很可能在解决不同领域的各种问题中表现得很出色。该理论的广阔性和开放性为我们正确、全面地认识学生提供了借鉴价值。此题选 C。

28．解析：本题考查的是认知主义学习理论。格式塔认为，学习是形成新的完形，是积极主动重新组织情境的过程。此题选 A。

29．解析：本题考查有效的阅读程序。罗宾逊提出的 SQ3R 阅读程序法包括扫视（Survey）、提问（Question）、阅读（Read）、回答（Recite）、复习（Review）。此题选 A。

30．解析：本题考查的是学校心理辅导的原则。在学校心理辅导中，教师必须遵循尊重和理解学生原则。心理辅导教师并不能以任何方式强行辅导来访学生，或者直接向学生灌输自己的观点、态度，心理辅导教师要尊重与理解来访学生，并从学生的思考角度去关注和理解学生，以增强学生对心理辅导教师的信任。只有这样，学生才能真正对心理辅导教师敞开心扉，而教师也才有可能真正帮助学生。此题选 D。

二、判断题（每小题 2 分，共 30 分）

题号	31	32	33	34	35
答案	√	√	√	×	√
题号	36	37	38	39	40
答案	√	×	√	√	√
题号	41	42	43	44	45
答案	×	√	√	√	√

31．解析：本题考查的是"理学"教育思想。朱熹是"理学"教育思想的代表人物，提出"存天理，灭人欲"的主张。此题正确。

32．解析：本题考查近代教育体制的初步建立，难度中等。1902 年，张百熙主持并制定了一系列学制文件，合称《钦定学堂章程》，又称"壬寅学制"。这是中国近代第一个正式颁布的法定学制，也是中国近代新教育制度的开端，但"壬寅学制"因存在诸多不足而未能实施。1904 年，清政府公布了《奏定学堂章程》，又称"癸卯学制"，是中国近代第一个颁布并实施的法定学制。此题正确。

33. 解析：本题考查外国古代高等教育的发展。19世纪以前，整个英国的高等教育仍然以牛津和剑桥为主。此题正确。

34. 解析：本题考查高等教育的大众化。1970年和1971年，美国加州大学伯克利分校的马丁·特罗教授在《从大众向普及高等教育的转变》和《高等教育的扩张与转化》中提出了高等教育发展阶段划分的理论：当一个国家适龄青年中接受高等教育的比率在15%以下时，属于精英高等教育阶段；比率在15%~50%为大众化高等教育阶段；比率在50%以上，为普及化高等教育阶段。此题错误。

35. 解析：本题考查教师的专业情意。教师的专业情意主要包括专业理想、专业情操、专业性向、专业自我等方面。专业理想是教师对成为一个成熟的教育教学专业工作者的向往与追求，是推动教师专业发展的巨大动力。此题正确。

36. 解析：本题考查我国与教育相关的法律法规。《中华人民共和国义务教育法》是新中国成立以来颁布的第一部基础教育方面的法律，是促进和保障我国基础教育健康发展的根本大法。此题正确。

37. 解析：本题考查中国古代教育家及其思想理论。孔子在《中庸》中提出"博学之，审问之，慎思之，明辨之，笃行之"，"博学""审问"是"学"的过程，"慎思""明辨"是"思"的过程。"笃行"是"习"和"行"的过程，这5个阶段体现了教学过程的内在联系，是中国最早的教学过程阶段论，对中国古代教学具有重大影响。此题错误。

38. 解析：本题考查班集体的形成和培养。班集体是通过开展集体活动逐步形成的。开展活动要有目的、有计划地进行，不能随心所欲、临时拼凑，否则会影响活动效果。此题正确。

39. 解析：本题考查个体意识与个体无意识。人的心理除了意识，还有无意识现象。人在正常情况下很难察觉，更无法自觉调节和控制的心理现象就是无意识。此题正确。

40. 解析：本题考查声波。声波可以分成纯音和复合音，周期性振动的复合音就是乐音，非周期性振动的复合音就是杂音。此题正确。

41. 解析：本题考查遗忘的规律。根据艾宾浩斯遗忘曲线规律，遗忘进程受时间因素的制约，最初进展快，之后逐渐缓慢。此题错误。

42. 解析：本题考查需要的特征。人和动物都有需要，但在满足需要的对象、范围、方式上，人和动物有着根本区别。同时，理性和意志调节控制着人类的需要。此题正确。

43. 解析：本题考查问题解决教学策略。问题解决的策略就是在问题解决过程中如何使用算子的策略，常见的基本策略有算法式和启发式。此题正确。

44. 解析：本题考查课堂气氛的类型。我国学者黄秀兰根据对课堂师生的注意、思维、情感和意志等心理状态的观察记录，把课程气氛分成积极的、消极的和对抗的3种类型。

此题正确。

45. 解析：本题考查人际沟通的特点。人际沟通需要沟通双方使用同一套编码解码系统。沟通双方应有相同的词汇和语法体系，而且对语义有相同的理解。此题正确。

三、填空题（每小题2分，共30分）

46. 书数

解析：本题考查"六艺"教育。"六艺"教育含礼、乐、射、御、书、数6科。无论是国学还是乡学，抑或是小学、大学，都以"六艺"教育为基本科目，其大致可以分成3组，即礼乐、射御、书数。其中，礼乐教育是"六艺"教育的核心，体现在国家政治、宗法制度、社会生活、日常行止的方方面面，贯彻思想政治、道德品行、情感节操教育。射御教育实施的是军事训练。射指射箭的技术训练，御指驾驭马拉战车的技术训练，以造就身体强健、技艺娴熟、"执干戈以卫社稷"的战士。书指文字读写，数指算法，书数落实文化知识教育。书数教育被称为"小艺"，位居"六艺"教育之末，表现了西周教育的政治和伦理的导向性。

47. "苏湖教法"

解析：本题考查"苏湖教法"，难度中等。"苏湖教法"是教育家胡瑗在苏州郡学和湖州州学任教期间所形成的教育教学经验，"庆历兴学"时被范仲淹所赞赏并推行于太学改革中。

48. 倡导女子教育

解析：本题考查改良派的教育主张。早期改良派是地主阶级改革派的继续和发展，是维新派的直接先驱，他们提出"兵站不如商战，商战不如学战"的思想，要求对政治、经济、文化教育进行全面改革。其主张全面学习西学，改革科举制度，建立近代学制，倡导女子教育。

49. 《新教育大纲》

解析：本题考查中国近现代教育史上马克思主义教育理论的提出。杨贤江被誉为"青年一代最好的指导者"，1928年，他第一次运用历史唯物主义分析世界教育历史，撰成《教育史ABC》。1930年，他撰成中国近现代教育史上第一部运用马克思主义基本原理论述教育问题的专著——《新教育大纲》，奠定了马克思主义教育理论家的地位。

50. 奖惩

解析：本题考查史前教育的特征。在教育形式和教学方法上，该时期教育没有专门的学校、教师、教材和文字，教育没有成为专门的活动，主要教学方式包括模仿、讲述、仪式和奖惩。

51．强制性

解析：本题考查义务教育的特征。义务教育具有强制性、免费性、普及型等特征，其中，强制性是义务教育最本质的特征。

52．社会课程

解析：本题考查智育的内容。中小学智育的内容主要包括语言课程、数学课程、社会课程。

53．目标游离评价模式

解析：本题考查课程评价的主要模式。目标游离评价模式是由美国学者斯克里文针对目标评价模式的弊端而提出来的。在他看来，目标评价模式只考虑了预期效应，忽视了非预期的效应，而课程评价恰恰应当关注课程计划的实际效应，更多地考虑课程计划满足实际需要的程度。

54．基础型课程

解析：本题考查课程类型，难度中等。基础型课程是培养学生基础能力的课程，作为公民，必须具备读、写、算等基本素养，中小学课程最主要的部分是基础型课程。

55．直观性原则

解析：本题考查教学原则的内涵，难度中等。直观性原则是指在教学中教师应向学生呈现所学知识的实物或模像等，并引导学生直接观察；或者教师运用生动形象的语言进行描述，引导学生形成所学知识的清晰表象，形成感性认识，从而使其正确理解书本知识和发展认知能力。

56．了解和研究学生个体

解析：本题考查班主任了解和研究学生的内容。了解和研究学生是班主任开展工作的前提，是班主任教育学生的基础。班主任了解和研究学生的内容主要有两个方面：一是了解和研究学生集体；二是了解和研究学生个体。

57．激情

解析：本题考查心理学的流派。冯特被称为构造主义的先驱。他主张心理学应当以内省和实验相结合的方式来探索人类的直接经验（即意识），主张人类的感觉、表象和激情是经验的三元素。

58．实验法

解析：本题考查心理学的研究方法。心理学的研究应遵循客观性和发展性两个基本原则，研究方法主要包括观察法、调查法、个案研究法、实验法。

59．诱因

解析：本题考查成就动机理论。动机水平是个体追求成就的稳定特质；期望是个体基于以往经验，对能否成功的主观判断；诱因是成功时获得的满足感。

60. 神经质

解析：本题考查五因素模型。五因素指开放性（O）、尽责性（C）、外向性（E）、随和性（A）、神经质（N），其构成了"OCEAN"一词，代表"人格的海洋"。

四、名词解释（每小题4分，共20分）

61. 解析：本题考查教育影响的含义。

教育影响指的是置于教育者与受教育者之间的一切"中介"的总和。它包括教育媒介、内容、方法和环境等，这些因素在很大程度上影响教育的效果。（4分）

62. 解析：本题考查义务教育的含义。

义务教育是指依据法律法规，适龄儿童和少年都必须接受的，国家、社会、学校、家庭必须予以保证的国民教育。其本质是国家依照法律的规定对适龄儿童和少年实施的一定年限的强迫教育的制度。普及九年义务教育是学校教育系统的基础，是提高民族文化、心理素质的保证。

63. 解析：本题考查显性课程的含义。

显性课程也称正规课程、官方课程、显在课程等，是指为实现一定的教育目标而正式列入学校教学计划的各门学科及有目的、有计划、有组织的课外活动等。

64. 解析：本题考查备课的含义。

备课是指教师根据教学目标要求，结合实际学情，对教学进行的规划和设计。教师备课主要包括3个方面，即备课程标准与备教材、备学生与备老师、备教法与备学法。

65. 解析：本题考查教学评价的含义。

教学评价是根据教学目标，对学习者在教学活动中所发生的变化进行测量，收集有关资料，并做出价值判断的过程。

五、辨析题（每小题20分，共40分）

66. 解析：本题考查近代国民政府的教育宗旨和教育方针。上述观点准确。

抗日战争爆发以后，1937年8月，国民政府提出"战时须作平时看"的教育方针，要求采取战时应急措施，一切仍以维持正常教育为主。（10分）"战时须作平时看"的教育决策，使中国教育事业在残酷的战争环境中得以保存，在西南、西北地区还有所发展，其中

就包括在海外名声卓著的国立西南联合大学等一批高等学校。(10分)

67．解析：本题考查人格与性格的关系。上述观点不准确。

人格是引进的事实词汇，不带道德评价，指人的各种特征。(4分)

人格是一个复杂的多层次、多侧面的动力结构系统。(4分)关于人格的理论主要包括成分说和特质因素论。(4分)成分说认为，人格包含了较多的成分内容，如一个人的体貌特征、价值观、人生观、人际交往和适应能力等，其中最主要的成分是气质、性格和自我调控系统。(4分)气质指心理活动的速度、强度、指向性与灵活性，通常也称脾气、秉性，主要受遗传因素影响，受后天的教育和文化影响较小。(4分)

六、简答题（每小题 10 分，共 50 分）

68．解析：本题考查遗传素质对个体身心发展的作用。

答案要点：

首先，个体的身心发展离不开遗传素质的支持，因为它为个体提供了实现身心发展的可能性。(3分)

其次，遗传素质的发展过程制约着个体身心发展的年龄特征。(3分)

再次，遗传特性的差异会影响个体的身心发展。(2分)

最后，遗传素质具有一定的可塑性。(2分)

69．解析：本题考查德育的途径。

答案要点：

思想品德课与其他学科教育（基本途径）。(2分)

社会实践活动。(1分)

课外、校外活动。(1分)

共青团及少先队组织的活动。(2分)

校会、班会、周会、晨会、时事政策的学习。(2分)

班主任工作（重要又特殊的途径）。(2分)

70．解析：本题考查运用讨论法的基本要求。

答案要点：

讨论前要做好准备。(2分)

讨论的问题要有吸引力。(3分)

讨论过程中要善于启发、引导。(3分)

讨论结束时要做好小结。(2分)

71．解析：本题考查注意的特征。

答案要点：

注意的稳定性。它是指在同一对象或同一活动上持续注意的时间。(2分)

注意的广度。其又称注意的范围，是指在同一时间范围内能清楚地意识到对象的数量。(3分)

注意的分配。它是指把注意分配到单位时间内存在的两种或两种以上的对象或活动上。(3分)

72．解析：本题考查代表性动机理论。(2分)

答案要点：

强化动机理论。所谓强化，是指能增加行为反应出现的概率。强化可以来自外部，如表扬、奖赏等；也可以来自内部，如成功实施了某种行为后获得的成就感与自信心。(2分)

成就动机理论。动机水平是个体追求成就的稳定特质；期望是个体基于以往经验，对能否成功的主观判断；诱因是成功时获得的满足感。(2分)

期望理论。个体动机由其对成功的可能性和成功价值的估计决定。(2分)

归因理论。其分为环境归因、个人归因两种方式。(2分)

自我效能感理论。它是指个体对自己能否有效实施某一成就行为的主观判断。(2分)

七、论述题（共20分）

73．解析：本题考查个体创造力的影响因素。

斯滕伯格和洛巴特研究表明，个体创造力的发挥受智力、知识、认知风格、人格特征、动机、环境等因素影响。(3分)

智力。它会影响个体对问题情境的感知、表征和问题解决策略的选择等过程。(3分)

知识。它是指有关的经验体验和知识结构。(3分)

认知风格。它是指个体认知活动过程的心理倾向性。(3分)

人格特征。(2分)

动机。它是驱使个体从事创造性活动的内部动力。(3分)

环境。它对个体创造力的发挥具有抑制或激发的作用。(3分)

八、材料分析题（共 50 分）

74. **解析**：本题考查教师与学生，以及师生关系。学生既是教育的对象，又是教育的主体。教师需要真正地了解学生的特点，把握其发展规律，才能更好地为学生的学习、成长提供有利条件。师生关系是指师生双方在教育教学过程中经过相互交往作用而形成的关系，是学校中最重要、最基本的人际关系，良好的师生关系为教育教学活动的顺利完成提供了重要保障，同时体现了师生交往的价值与生命意义。考生可运用这些理论对材料进行分析作答。

答案要点：

（1）材料中的李南老师没有树立正确的教育观。（3分）符合时代特征的教育观要求教师对教育功能有全面的认识，要求教师全面理解素质教育。（5分）教师应该认识到教育不仅仅是传授知识和技能，而是充分开发每个学生的潜能，发展学生的健康个性，让学生做到全面发展。李南老师在上岗前把教师工作简单地想象为：备课、上课、批改作业等，认为自己的工作就是教学生掌握应该学到的物理知识，不用操心思想工作等。这都体现了李南老师只重视学科知识的传授，忽略了学生的全面发展。（8分）

（2）材料中的李南老师没有形成全面发展的教学观和以人为本的学生观。（5分）全面发展的教学观要求教师在教学时注重结论更要注重过程，关注学科更要关注人。（3分）新课程强调以人为本，关注人是新课程的核心理念——一切为了每一个学生的发展在教学中的具体体现。李南老师认为自己的工作就是教学生掌握应该学到的物理知识，不用操心思想工作，体现了他没有形成全面发展的教学观。（8分）

现代学生观指出学生是发展中的人，要用发展的观点认识学生。（3分）李南老师认为教学效果不好是因为学生太差，否定了学生的发展潜力，没有用发展的眼光看待学生。（3分）

学生是独特的人，是完整的人，（3分）学习过程并不是单纯的知识接受或技能训练，而是学生整个内心世界的全面参与，学生与成人之间存在着巨大的差异。李南老师认为自己的工作就是教学生掌握应该学到的物理知识，不用操心思想工作，割裂了学生的完整性，面对课堂中出现的各种意外，他感到不胜其烦，认为学生不像学生，他并没有意识到学生与成人之间的巨大差异，在想象的教学中将学生看作成人，甚至是完美的人。（3分）

学生是具有独立意义的人，（3分）是不以教师的意志为转移的客观存在，学生是学习的主体。关于教学内容，李南老师即使讲轶闻趣事，学生也没有兴趣听，说明他在课堂上没有激发学生的主体性，也没有意识到每个学生都是独立于教师的头脑之外的客观存在，随意强加给学生一些外在的知识，反而会引起他们自觉或不自觉的抵制或抗拒。（3分）

（言之有理可酌情给分）

教育理论基础

全真模拟试卷（七）

参考答案及精析

一、单项选择题（每小题2分，共60分）

题号	1	2	3	4	5
答案	D	C	A	B	A
题号	6	7	8	9	10
答案	C	D	D	C	B
题号	11	12	13	14	15
答案	C	A	A	B	B
题号	16	17	18	19	20
答案	D	D	C	B	B
题号	21	22	23	24	25
答案	C	D	D	B	B
题号	26	27	28	39	30
答案	D	A	D	C	B

1. **解析**：本题考查蒙学教材的类型与名称，难度中等。A选项《三字经》属于以识字为主的综合性教材；B选项《蒙求》属于历史知识类教材；C选项《少仪外传》属于道德训诫类教材；D选项《幼学琼林》属于名物常识类教材。此题选D。

2. **解析**：本题考查中国古代主要思想学派、代表人物及作品。A选项"孔子"与孟轲、荀况、韩愈均为儒家学派代表人物；B选项"墨翟"是墨家学派代表人物；C选项"韩非"

是法家学派代表人物；D 选项"老子"与庄子均为道家学派代表人物。此题选 C。

3. **解析**：本题考查的是中国近代教育的发展与演变。京师同文馆是第一所洋务学堂，也是我国最早的官办新式学堂，是近代中国被动开放的产物，最初是作为外语学校设立的，后来发展成为一所以外语教学为主、兼习各门"西学"的综合性学校。其培养了中国近代第一批翻译、外交人才和具有近代思想、科技、教育人才，既是洋务运动在教育领域实践的开端，也是中国近代教育的开端，标志着中国学习西方由观念落实为实践。此题选 A。

4. **解析**：本题考查的是马克思主义教育理论的提出。我国第一部以马克思主义观点阐述教育问题的著作是杨贤江的《新教育大纲》。此题选 B。

5. **解析**：本题考查中国近现代教育家及其思想理论，难度中等。陈鹤琴，中国著名教育家、儿童心理学家，毕生致力于儿童心理的研究，提倡"活教育"，创办和发展了我国的幼儿教育事业，1923 年，其在南京创办了我国最早的幼儿教育实验室——南京鼓楼幼稚园，代表作《家庭教育》。此题选 A。

6. **解析**：本题考查的是外国古代教育家及其思想理论。西塞罗认为教育的主要任务在于向青年人传授关于雄辩的知识和技能，以培养出优秀的雄辩家。此题选 C。

7. **解析**：本题考查外国近代教育家及其思想理论。A 选项"斯宾塞"是英国著名的实证主义者，反对思辨，主张科学只是对经验事实的描写和记录；B 选项"涂尔干"是近代法国著名的社会学家和教育家；C 选项"第斯多惠"是德国著名的资产阶级民主主义教育家，被誉为"德国师范教育之父"；D 选项"福禄培尔"是 19 世纪德国著名学前教育家，创办了世界上第一所幼儿园，被誉为"幼儿教育之父"。此题选 D。

8. **解析**：本题考查外国近代教育家及其思想理论。A 选项《大教学论》是 17 世纪捷克著名的爱国主义者、民主主义教育实践家和理论家夸美纽斯的代表作，是教育学开始成为一门独立学科的标志，被认为是近代第一本教育学著作；B 选项《爱弥儿》是法国启蒙运动时期杰出的思想家和教育家卢梭的代表作，是坚定的性善论者，以"自然教育理论"著称；C 选项《林哈德与葛笃德》是 19 世纪瑞士著名的民主主义教育家，世界教育史上第一位明确提出"教育心理学化"的教育家，被称为"现代初等学校各科教学法的奠基人"裴斯泰洛奇的代表作；D 选项《普通教育学》是德国著名教育家，被誉为"现代教育学之父""科学教育学的奠基人"赫尔巴特的代表作，《普通教育学》的出版，标志着教育学成为一门独立的学科，也标志着规范教育学的建立。此题选 D。

9. **解析**：本题考查的是教育制度和学校教育制度。教育制度是指一个国家各级各类教育机构与组织的体系及管理规则，包括教育机构系统和教育管理系统两个方面。学校学校教育制度简称学制，是指一个国家各级各类学校的总体系，具体规定各级各类学校的性质、任务、目的、要求、入学条件、修业年限及它们之间的关系。学校教育制度是教育制度的核心。此题选 C。

10. 解析：本题考查现代学校教育制度的类型。A 选项"双轨学制"形成于 18 世纪、19 世纪的西欧，英国等欧洲国家的学制都属于此类型；B 选项"单轨学制"是 19 世纪末 20 世纪初在美国形成的一种学制；C 选项"分支制"是 20 世纪上半叶苏联建立的一种学制，这是一种介于双轨制和单轨制之间的学制结构；D 选项"中间型学制"是分支制的别称。此题选 B。

11. 解析：本题考查的是德育过程与品德形成过程的关系。品德意志是人们为实现一定的品德行为目的所做出努力的过程，它是调节学生品德行为的精神力量。题目中小明在面对是否闯红灯的道德情景中，明知道闯红灯不好，却还是闯了红灯，缺乏坚定的意志，因此，他应该注意培养品德意志。此题选 C。

12. 解析：本题考查德育原则的基本概念及具体要求，难度中等。A 选项"导向性原则"指的是教育者要有一定的理想性和方向性，以指导学生向正确的方向发展；B 选项"疏导原则"又称循循善诱原则，指的是教育者要循循善诱、以理服人，从提高学生认识入手，调动学生的主动性，使他们积极向上；C 选项"因材施教原则"指的是教育者应根据学生的年龄特征、个性差异及品德发展现状，采取不同的方法和措施，提高德育的针对性和实效性；D 选项"知行统一原则"指的是教育者既要重视对学生进行系统的思想道德理论教育，又要重视组织学生参加实践锻炼，把提高认识和行为养成结合起来，使学生做到言行一致。此题选 A。

13. 解析：本题考查智育目标。A 选项"获取系统的基础知识和基本技能"是智育的第一个目标；B 选项"发展智力"包括发展学生的心智能力或理性思维能力，是智育的主要目标之一；C 选项"培养实践能力"是现代教育的基本要求，也是学校教育的基本目标之一；D 选项"培养创新精神"，在现代社会，学校在培养创新精神方面肩负着特殊使命。此题选 A。

14. 解析：本题考查的是学生的特点。学生的可塑性特点表现在：学生处于长知识、长身体的时期，这个时期也是他们的品德、人格形成的时期，各个方面的发展尚未成熟，具有很大的发展潜力，而且尚未定型，极易受外部环境因素的影响。此题选 B。

15. 解析：本题考查的是学生的主要权利。学生享有受教育权（最基本的权利）、人身权、财产权等主要权利，受教育权又具体表现为受满法定年限教育权、学习权、公正评价权，"某中学教师让学生在上课期间在外罚站"这种做法侵犯了学生的学习权。此题选 B。

16. 解析：本题考查课程类型，难度中等。基础型课程是培养学生基础能力的课程，作为公民，必须具备读、写、算等基本素养，中小学课程最主要的部分是基础型课程。此题选 D。

17. 解析：本题考查的是新课程改革的价值追求。A 选项"教育公平"要求新课程必须谋求所有适龄儿童平等享受高质量的基础教育；B 选项"国际理解"要求我国的课程体系必须追求国际性与民族性的内在统一；C 选项"回归生活世界"要求突破学校课程的疆域，寻求学校课程、家庭课程、社区课程的整合，全面培养会生存的人；D 选项"个性发展"要求每个学生都是独立发展的个体。此题选 D。

18. 解析：本题考查教学原则的内涵。A 选项"方向性原则"是指教学要以马克思主义为指导，分析和理解教学内容；B 选项"直观性原则"是指在教学中教师应向学生呈现所学知识的实物或模像等，并引导学生直接观察；C 选项"启发性原则"是指教师围绕教学目标，鼓励学生独立思考，培养积极思维，引导学生自觉主动地学习和掌握科学知识，提升分析问题和解决问题的能力；D 选项"巩固性原则"是指教学应引导学生在理解的基础上，牢固地掌握所学知识并加深和提升已有的技能，在需要运用时能迅速再现出来。此题选 C。

19. 解析：本题考查的是教学工作的基本环节。上课是教学设计实施的过程。教学目标的达成需要通过上课来实现，备课是为了更好地上课，课后布置作业是上课的必要补充。因此，上课是教师教学工作的中心环节，是学校教育教学工作中保障教学质量的关键。此题选 B。

20. 解析：本题考查的是班主任角色。一个班级要发展成为一个具有共同奋斗目标、组织纪律严明、班风和舆论氛围优良的班集体，离不开班主任的组织和领导。在班集体建设的过程中，班主任要承担大量的班级行政事务和领导管理工作，如抓好纪律、组织活动等，从而维护班级的良好秩序和促进学生成长发展，可以说，班主任的工作质量直接关系到班集体的形成、巩固与发展。此题选 B。

21. 解析：本题考查思维的类型。A 选项"动作思维"是以实际动作来支撑思维过程的思维；B 选项"形象思维"是需要依靠实物的具体形象和表象来运作的思维；C 选项"抽象思维"是以概念、判断、推理等形式进行的思维；D 选项"非形式逻辑思维"是没有明确逻辑形式或不遵照明确逻辑规则的思维。此题选 C。

22. 解析：本题考查的是脑的结构。根据相关研究，大脑左、右半球的功能存在明显差异。其中，大脑左半球主要负责语言、阅读、书写、数学预测及逻辑推理，而大脑右半球则负责感知物体的空间关系、情感、欣赏音乐和艺术。此题选 D。

23. 解析：本题考查的是视觉的适应功能。视觉适应的表现可分为明适应和暗适应。题目所述的现象属于暗适应。此题选 D。

24. 解析：本题考查的是注意的特征。注意的转移是指面对新的事件，人们积极地把注意力从一种事物转移到另一种事物上，或者从一种事件转移到另一种事件上。"小军上完一节语文课后，能很快为接下来的美术课做好准备"体现了注意的转移。此题选 B。

25. 解析：本题考查的是需要的特征。需要是有机体内部的一种不平衡状态，是有机体感到某种缺乏而力求获得满足的心理倾向，是有机体自身和外部生活条件的要求在头脑中的反映，其特征包括对象性、动力性、社会性。此题选 B。

26．解析：本题考查的是阿诺德的评定-兴奋理论。该理论认为，刺激情景并不直接决定情绪的产生，而要经过对刺激情景的认知评价。具体来说，来自外界环境的影响要经过人的评价与估量才产生情绪，这种评价与估量是在大脑皮质上进行的。阿诺德强调，个人对情景的认知评价是产生情绪的直接原因。比如，面对同样的一个事件，不同的人由于对其的认知评价不同，就会产生不同的情绪反应。因此，在阿诺德的评定-兴奋理论中，对刺激情景的评估起到了关键作用。此题选 D。

27．解析：本题考查的是情商的含义。1990 年，梅耶提出情绪智力概念，简称情商（EQ），它是指个体识别、监控他人和自己的情感和情绪，从而指导行为和思想的能力。此题选 A。

28．解析：本题考查气质的含义。气质是个体表现在心理活动的强度、速度、灵活性与指向性等方面的稳定的心理特征，主要受遗传因素影响，无好坏之分；性格是个体对现实的稳定的态度和习惯化了的行为方式，主要受后天社会环境、教育文化等因素的影响，有好坏之分。个体大脑额叶的损伤病变等生物学因素也会影响性格。此题选 D。

29．解析：本题考查布卢姆的教育分类法。布卢姆认为，认知学习目标包括知识、领会、应用、分析、综合和评价。这六级目标由简单到复杂，构成金字塔式的排列。所以，代表着最高水平的认识学习目标是评价。此题选 C。

30．解析：本题考查人际距离的相关知识。A 选项"0～0.5 米"是亲密距离，通常在人与人之间最为亲密的情况下存在；B 选项"0.5～1.25 米"是个体距离，适用于一般的社交情况；C 选项"1.25～3.5 米"是社会距离，通常适用于正式的社交场合；D 选项"3.5 米以上"是公共距离，通常适用于更为正式和公共的场合。此题选 B。

二、判断题（每小题 2 分，共 30 分）

题号	31	32	33	34	35
答案	×	√	√	√	√
题号	36	37	38	39	40
答案	√	×	√	√	√
题号	41	42	43	44	45
答案	√	√	√	√	√

31. **解析**：本题考查洋务学堂。京师同文馆是第一所洋务学堂，也是我国最早的官办新式学堂，是近代中国被动开放的产物，最初是作为外语学校设立的，后来发展成为一所以外语教学为主、兼习各门"西学"的综合性学校。此题错误。

32. **解析**：本题考查近代教育体制的初步建立，难度中等。1902年，张百熙主持并制定了一系列学制文件，合称《钦定学堂章程》，又称"壬寅学制"。这是中国近代第一个正式颁布的法定学制，也是中国近代新教育制度的开端，但"壬寅学制"因存在诸多不足而未能实施。1904年，清政府公布了《奏定学堂章程》，又称"癸卯学制"，是中国近代第一个颁布并实施的法定学制。此题正确。

33. **解析**：本题考查拜占庭的教会教育。拜占庭的教会学校中，君士坦丁堡大主教学校的地位最高，集中了全帝国的神学权威，既是教会学校的最高神学学府，又是极富权威的神学思想中心。此题正确。

34. **解析**：本题考查20世纪前半期英国公共教育制度。英国国会于1918年将教育大臣费舍关于初等教育的改进提案通过为法案，即《费舍教育法》，又称《1918年教育法》。《费舍教育法》开创了英国通过明确的教育立法构建国家教育制度的先河，并对中央和地方教当局的关系做了调整。此题正确。

35. **解析**：本题考查17世纪至18世纪法国的教育。1684年，天主教神父拉·萨尔创办"基督教学校兄弟会"，开办免费的初等学校，以宗教教育为主，该组织于1684年创办了欧洲最早的具有师范性质的学校——教师讲习所，培养初等学校的教师。此题正确。

36. **解析**：本题考查影响师生关系建立的因素。影响师生关系建立的因素有多个，其中，学生对教师的认识、情感态度等是主要因素。此题正确。

37. **解析**：本题考查教学工作的基本环节。教学是学校的中心工作，上课是教师教学工作的中心环节。此题错误。

38. **解析**：本题考查主题班会的组织。主题班会以学生为主体，以班主任为主导。开好主题班会是每个班主任都必须掌握的基本功。此题正确。

39. **解析**：本题考查心理学的流派。1913年，美国心理学家约翰·华生出版《在行为主义者看来的心理学》，标志着一种新的思想形式的诞生——行为主义。此题正确。

40. **解析**：本题考查运动错觉。运动错觉又分为诱导运动与自主运动。诱导运动是指实际不动的静止之物，由于周围物体的运动而看上去在运动的知觉状态；自主运动是指在黑暗环境中，由于缺乏外部空间的参照，人在持续注视中，把一个静止的光点看成是不断移动的现象。此题正确。

41. **解析**：本题考查遗忘的状态。遗忘是指记忆的内容无法保持或提取时有困难。遗忘现象一般有两种状态：暂时性遗忘和永久性遗忘。此题正确。

42. **解析**：本题考查情绪的分类。人们常用生物进化的视角，将人的情绪分为基本情绪和复合情绪。基本情绪是天生的，人与动物都有，具有相同的原型和模式，每种基本情绪都包含独立的神经系统机制。此题正确。

43．解析：本题考查传统智力理论。吉尔福特提出了智力的三维结构理论，认为智力活动包括内容、过程、产品3个维度。此题正确。

44．解析：本题考查教师角色的类型。知识的传授者是教师职业的中心角色。此题正确。

45．解析：本题考查教师的教学监管能力。教学监管能力是教师成功的关键因素之一，在教学过程中，监管能力能够确保教学活动的有效性。此题正确。

三、填空题（每小题 2 分，共 30 分）

46．朱熹

解析：本题考查的是"理学"教育思想。朱熹是"理学"教育思想的代表人物，提出"存天理，灭人欲"的主张。

47．朋友有信

解析：本题考查孟子的教育目的。孟子是儒家教育思想的代表人物，主张教育的目的在于"明人伦"，主要表现为：父子有亲、君臣有义、夫妇有别、长幼有序、朋友有信。

48．《学记》

解析：本题考查中国古代主要思想学派，难度中等。我国古代乃至世界上最早的、有"教育学的雏形"之称的教育专著是《学记》。

49．杨贤江

解析：本题考查中国近现代教育史上马克思主义教育理论的提出。杨贤江被誉为"青年一代最好的指导者"，1928年，他第一次运用历史唯物主义分析世界教育历史，撰成《教育史ABC》。1930年，他撰成中国近现代教育史上第一部运用马克思主义基本原理论述教育问题的专著——《新教育大纲》，奠定了马克思主义教育理论家的地位。

50．辩证法

解析：本题考查古典时代的教育。在教育内容方面，古典时代的智者们主张实用知识的学习才是最有价值的。对青年人而言，演讲、辩论才能才是最有用的社会生活技能。其确定了"三艺"课程，即文法、修辞学和辩证法。

51．德国

解析：本题考查义务教育的确立和发展，难度中等。资本主义社会率先开创了义务教育制度，德国是世界上最早实施义务教育的国家，后来，美国、英国、日本也相继实行义务教育。

52. 自然美

解析：本题考查美育的内容。美育的内容包括艺术美、社会美、科学美、自然美。

53. 价值观

解析：本题考查课程组织。课程组织的要素，即课程的基本构成。美国结构主义课程专家施瓦布认为，课程组织的四大要素是学习者、教师、教材和环境。美国课程论专家麦克尼尔从微观角度把课程组织的要素分为主题和概念、原理、技能、价值观。

54. 目标管理

解析：本题考查班级管理的模式。班级管理的模式是在班级管理实践中逐渐形成的，包括常规管理、平行管理、民主管理、目标管理。

55. 普通心理学

解析：本题考查心理学的谱系。普通心理学研究的是心理现象产生和发展的一般规律，同时，还研究心理学最基础的理论，是科学心理学的基础。

56. 自我实现的需要

解析：本题考查马斯洛的需要层次理论。自我实现的需要是最高层次的需要，它帮助个体充分发掘自身的潜能，通过努力去实现自身的梦想，成就更好的自己。

57. 美感

解析：本题考查情感的分类。按社会性内容，情感可以分为3种：理智感、道德感、美感。

58. 三元智力理论

解析：本题考查现代智力理论。三元智力理论是斯滕伯格从信息加工的角度提出的，他认为智力是一套相互依存的加工过程。

59. 司法式

解析：本题考查个体创造力的影响因素。斯滕伯格和洛巴特研究表明，个体创造力的发挥受知识、智力、动机、环境、认知风格、人格特征等因素影响。其把人的认知风格分为立法式、执行式、司法式3种。

60. 投射式人格测验

解析：本题考查人格测验的类型。人格测验无法对不同的人做出价值高低的评价，一般有自陈式人格测验和投射式人格测验两种。

四、名词解释（每小题 4 分，共 20 分）

61. 解析：本题考查个体身心发展的含义。

个体身心发展由两部分组成。一是身体发育，身体发育是指个体在生理方面的成长和变化，包括身体形态、机能等方面的发展。二是心理发展，心理发展是指人的认知过程和个性心理的发展，是认知过程和个性心理相统一的和谐发展。青少年的生理和心理发展既表现为生理上正常发展，又表现为身体健康的增强；同时，其心理发展体现在认知和个性等方面的不断成熟。

62. 解析：本题考查德育的含义。

广义的德育是指社会各层面有目的地对其他成员的政治意识、思想观念和道德品质等方面施加影响的活动，包括社会德育、社区德育、学校德育和家庭德育等；狭义的德育一般是指学校德育，即学校通过教育者和学习者的交往实践活动，有目的、有计划、有组织地对学习者施加政治意识、思想观念和道德品质等方面的影响，使学习者通过内化形成社会所需要的品德教育活动。

63. 解析：本题考查隐性课程的含义。

隐性课程是指在学校中以间接的、内隐的方式呈现的课程。学生在学校环境中通过隐性课程无意识地获得经验、人生观、价值观、世界观等意识形态内容和文化影响。（4 分）

64. 解析：本题考查班集体的含义。

班集体是按照班级授课制的培养目标和教育规范组织起来的，以共同学习活动和直接性人际交往为特征的社会心理共同体。

65. 解析：本题考查概念教学策略的含义。

概念是人们对具有相同特征或相似属性的事物进行概括和归纳，从而形成的一种普遍性思维方式。概念是人们认识和理解世界的重要工具，也是知识的基础和核心。在教学中，概念教学策略是帮助学生理解和掌握知识的重要策略之一。

五、辨析题（每小题 20 分，共 40 分）

66. 解析：本题考查苏格拉底的教育思想。上述观点准确。

苏格拉底是希腊（雅典）哲学的创始人之一，代表作为《苏格拉底的教化哲学》。（8 分）

他主张教育的目的是培养通晓专业政治知识、掌握政治技能、具备高尚品德的政治家。（6 分）

苏格拉底是历史上最早的专家治国论者，他认为治国者必须有德有才、深明事理，具

备各种实际知识。（6分）

67. 解析： 本题考查布鲁纳的认知发现学习理论。上述观点准确。

布鲁纳认为，学习知识主要是通过积极主动地对学习材料信息进行类别化，从而形成认识结构或知识的类目编码系统的过程。（8分）

他提出发现教学理论，结构发现法教学模式和结构教学观是他的理论中最重要的内容。（6分）

他认为，对学科结构的理解是教学的最终目的，以"螺旋式上升"的方式对学科的基本结构进行呈现是编排教材的最佳方式。（6分）

六、简答题（每小题10分，共50分）

68. 解析： 本题考查杜威的教育本质。

答案要点：

教育即生活。杜威认为，教育是生活的过程，学校是社会生活的一种形式。（3分）

教育即生长。它是指生长的机体与外部环境、内在条件与外部条件交互作用的结果，是一个持续不断社会化的过程。（4分）

教育即经验的改造。杜威认为，受教育过程是儿童不断地取得个人的直接经验，即经验不断改组或改造的过程。（3分）

69. 解析： 本题考查学校教育对个体身心发展的作用。

答案要点：

教育，特别是学校教育，对年轻一代起着主导作用。（2分）

首先，学校教育是一种有目的的培养人的活动，指明了人未来发展的道路。（2分）

其次，教育对人的影响是全面、系统和深刻的。（2分）

再次，学校配备了专业教师。（2分）

最后，青少年的身心发展特性决定了学校教育所起的作用是主导作用。（2分）

70. 解析： 本题考查德育过程的基本规律。

答案要点：

德育过程是培养学生知、情、意、行的过程。（2分）

德育过程是组织学生的活动和交往，统一多方面教育影响的过程。（3分）

德育过程是一个促进学生思想内部矛盾斗争发展的过程，是教育与自我教育相结合的

过程。（3分）

德育过程是一个长期的、反复的、逐步提高的过程。（2分）

71．解析： 本题考查新课程改革的价值追求。

答案要点：

新课程改革的核心理念是"为了中华民族的复兴，为了每一个学生的发展"。（2分）

教育公平。新课程必须谋求所有适龄儿童平等享受高质量的基础教育。（2分）

国际理解。我国的课程体系必须追求国际性与民族性的内在统一。（2分）

回归生活世界。突破学校课程的疆域，寻求学校课程、家庭课程、社区课程的整合，全面培养会生存的人。（2分）

关爱自然。把关爱自然，追求人与自然可持续发展作为重要的价值追求。（1分）

个性发展。每个学生都是独立发展的个体。（1分）

72．解析： 本题考查良好人格的培养。

答案要点：

良好人格的培养，依靠各种因素的密切配合和相互作用。（2分）

家庭教育的熏陶。（2分）

学校教育的引导。（2分）

社会环境的影响。（2分）

个人的努力塑造。（2分）

七、论述题（共20分）

73．解析： 本题考查教师在课堂上如何有效提问。

答案要点：

把握问题的难度。把握问题难度，帮助学生获得更深层次的理解。（4分）

提出不同认知水平或类型的问题。根据教育目标不同，采用不同的提问方式。（4分）

提问要面向全体学生。（4分）

控制等待时间。让学生有足够的时间思考和组织语言，同时避免过于拖延课堂进度。（4分）

鼓励学生大胆质疑。培养学生思维能力、创新能力和批判性思维能力，促进师生之间的交流和互动。（4分）

八、材料分析题（共 50 分）

74. 解析： 本题考查个体身心发展的一般规律，以及教师的教学过程。学生的身心发展具有阶段性、顺序性、不平衡性、个别差异性等规律，在教育教学活动中，教师需要根据学生的身心发展规律进行工作。在教学过程中，教师应根据学科的课程标准要求并结合学生身心发展规律和已有的知识能力水平，有目的、有计划地指导学生掌握系统的科学文化知识并形成一定的基本技能，同时，学生在这一过程中，身心也会获得一定发展。考生可运用这些理论对材料进行分析作答。

答案要点：

（1）刘老师的教学行为违背了个体身心发展的顺序性规律。（4 分）个体身心发展的顺序性是指个体的身心发展是一个由低级到高级、由简单到复杂、由量变到质变的连续不断的发展过程。（4 分）个体身心发展的顺序性要求教育必须循序渐进。（4 分）开学第一节课，刘老师跳过前面两章内容从第 3 章开始讲起，没有循序渐进地进行教学，也没有让学生有所准备，致使学生产生了疑惑，这可能会导致学生学习效果不佳。（4 分）

刘老师的教学行为违背了个体身心发展的个别差异性规律。（4 分）个体身心发展的个别差异性是指个体之间的身心发展及个体身心发展的不同方面之间，存在着发展程度和速度的不同。（4 分）个体身心发展的个别差异性要求教师贯彻因材施教原则，注意对个别学生进行特殊培养，有的放矢地进行教育。（4 分）在刘老师讲课过程中有两个学生表示她讲的内容都学过了，但刘老师并未理会，未能全面了解学生，也没有做到因材施教。（4 分）

（2）刘老师的教学行为不正确，任务取向不明确，如穿着鲜艳的衣服、用彩色粉笔装饰黑板，这些对开展教学活动毫无用处，反而会分散学生的注意力。（2 分）

刘老师的教学方法不灵活、很单一。其只是一味地采用讲解的方式进行教学，无法调动学生的学习积极性。（4 分）

刘老师的教学行为缺乏启发性。刘老师在提问学生时，不等学生思考就把答案告诉学生，她没有对学生做到适当的启发。（4 分）

刘老师的教学行为缺乏参与性。课堂上出现学生发呆的情况，说明学生对刘老师的课堂内容不感兴趣。刘老师还表示"老师讲什么，你就听什么"，与学生之间缺乏互动，没有让学生积极地参与教学活动。（4 分）

刘老师没有做到及时评估教学效果，即没有及时地掌握学生的学习状况和课堂中出现的问题，并据此调整自己的教学节奏和教学行为。刘老师只是一味地快速讲解，最终造成了离下课还有 10 分钟，她就讲解完了所有内容。（4 分）

（言之有理可酌情给分）

教育理论基础

全真模拟试卷（八）

参考答案及精析

一、单项选择题（每小题2分，共60分）

题号	1	2	3	4	5
答案	D	D	D	C	A
题号	6	7	8	9	10
答案	D	B	A	B	B
题号	11	12	13	14	15
答案	C	C	C	C	B
题号	16	17	18	19	20
答案	C	C	C	A	B
题号	21	22	23	24	25
答案	A	B	D	D	D
题号	26	27	28	29	30
答案	A	C	D	B	C

1. **解析**：本题考查中国古代主要思想学派、代表人物及作品。A选项"孔子"与孟轲、荀况、韩愈均为儒家学派代表人物；B选项"墨翟"是墨家学派代表人物；C选项"韩非"是法家学派代表人物；D选项"老子"与庄子均为道家学派代表人物。此题选D。

2. **解析**：本题考查中国古代主要思想学派。A选项"有教无类"属于儒家教育思想，即不分贵族与平民，人人都可以接受教育；B选项"弃圣绝智，弃仁绝义"属于道家教育思想；C选项"以法为教，以吏为师"属于法家教育思想；D选项"玉不琢，不成器；人不学，不知道"属于《学记》教育思想。此题选D。

3. 解析：本题考查教育起源学说。A选项"教育的生物起源说"代表人物为法国社会学家利托尔诺和英国的沛西·能；B选项"教育的心理起源说"由美国教育史学家孟禄提出；C选项"教育的劳动起源说"是在直接批判生物起源说和心理起源说的基础上，在马克思历史唯物主义理论的指导下形成的；D选项"教育的需要起源说"最早由中国马克思主义教育理论家杨贤江于20世纪30年代提出，主张教育起源于社会生活实际的多方面需要。此题选D。

4. 解析：本题考查的是拜占庭的世俗教育。拜占庭建立了包括初等学校、中等学校与高等学校在内的较为成熟的世俗教育体系。此题选C。

5. 解析：本题考查宗教改革时期的新教教育。为了传播教派教义，扩大教派影响，马丁·路德极其重视教育，他是最早明确提出普及义务教育的教育家。除了关注普及教育，他还关注中等教育和高等教育，提出了建立国民教育学校系统的设想。此题选A。

6. 解析：本题考查外国古代教育家及其思想理论。A选项《理想国》是一部讨论政治和教育的著作，也是欧洲历史上第一部空想社会主义著作；B选项《爱弥儿》是卢梭的代表作；C选项《民主主义与教育》是杜威的代表作，与前两部著作一起被称为3个里程碑；D选项《政治学》是亚里士多德的代表作。此题选D。

7. 解析：本题考查的是教育的基本要素。教育者是那些能够通过提供有益的知识和技能来帮助个体实现社会化和发展个性的人。此题选B。

8. 解析：本题考查现代学校教育制度的类型。A选项"双轨学制"形成于18世纪、19世纪的西欧，英国等欧洲国家的学制都属于此类型；B选项"单轨学制"是19世纪末20世纪初在美国形成的一种学制；C选项"分支制"是20世纪上半叶苏联建立的一种学制，这是一种介于双轨制和单轨制之间的学制结构；D选项"中间型学制"是分支制的别称。此题选A。

9. 解析：本题考查德育原则的基本概念及具体要求，难度中等。A选项"导向性原则"指的是教育者要有一定的理想性和方向性，以指导学生向正确的方向发展；B选项"疏导原则"又称循循善诱原则，指的是教育者要循循善诱、以理服人，从提高学生认识入手，调动学生的主动性，使他们积极向上；C选项"因材施教原则"指的是教育者应根据学生的年龄特征、个性差异及品德发展现状，采取不同的方法和措施，提高德育的针对性和实效性；D选项"知行统一原则"指的是教育者既要重视对学生进行系统的思想道德理论教育，又要重视组织学生参加实践锻炼，把提高认识和行为养成结合起来，使学生做到言行一致。此题选B。

10. 解析：本题考查的是《中华人民共和国教育法》颁布的时间。我国于1993年颁布的《中华人民共和国教师法》明确定义教师为"履行教育教学职责的专业人员"。这是教师专业地位首次在我国从法律角度被确认。此题选 B。

11. 解析：本题考查的是教师劳动的特点。教师劳动的广延性是指空间的广延性，体现在教师没有严格界定的劳动场所，课堂内外、学校内外都可能成为教师劳动的空间。此题选 C。

12. 解析：本题考查的是教师的职业道德。根据《中小学教师职业道德规范》，关爱学生是师德的灵魂。此题选 C。

13. 解析：本题考查的是学生的主要权利。学生享有受教育权（最基本的权利）、人身权、财产权等主要权利，受教育权又具体表现为受满法定年限教育权、学习权、公正评价权，"教师戴着有色眼镜评价学生"这种做法侵犯了学生的公平评价权。此题选 C。

14. 解析：本题考查的是西方教育家及其思想理论。A 选项"斯宾塞"是英国著名的实证主义者，反对思辨，主张科学只是对经验事实的描写和记录；B 选项"涂尔干"是近代法国著名的社会学家和教育家；C 选项"昆体良"是西方第一位建立教学理论的教育家；D 选项"福禄培尔"是 19 世纪德国著名学前教育家，创办了世界上第一所幼儿园，被誉为"幼儿教育之父"。此题选 C。

15. 解析：本题考查上好一堂课的标准。教学最重要的也是最基本的要求就是教学内容正确。首先，教学内容应当是科学的、严谨的。其次，教学内容要重点突出，体现出知识之间的内在联系和逻辑性。最后，教学内容要充实，对重难点的讲解要有理有据，理论联系实际。此题选 B。

16. 解析：本题考查的是班集体的发展阶段。在集体自主活动阶段，班级成员之间有了深入的了解、互相关心、紧密团结，且有了很强的集体意识，能够自觉维护集体荣誉。学生的注意力已转向谋求自我发展、自我实现，并愿意为自己及他人的成就而相互合作。此题选 C。

17. 解析：本题考查的是班主任的角色。学生具有向师性，会模仿、接近、趋向于教师，特别是班主任。班主任的言行举止、仪表仪态、为人处事的态度等，都会对学生产生潜移默化的影响。王老师用行动为学生树立了良好的榜样，感染学生习得励志奋斗的精神。此题选 C。

18. 解析：本题考查的是视觉。视觉接收到的光线主要有两种来源：一是发光体直接发出的光，如灯光、阳光、手电筒等；二是不发光的物体反射出来的光，如月光、镜面光等。此题选 C。

19. 解析：本题考查的是听觉。噪音是一种人体所不需要的声音，一旦长期接触到了较大分贝的噪音，人的听力和情绪都会受到影响。80 分贝以上的噪音会影响人的情绪，而 100 分贝以上的噪音则会造成人生理方面的不良反应等。此题选 A。

20. 解析：本题考查的是注意的种类。刺激物的运动和变化是影响无意注意的重要条件。教师讲课时，声音抑扬顿挫，富于变化，可以使学生不由自主地注意课堂讲授内容，因此引起的是学生的无意注意。此题选 B。

21. 解析：本题考查的是培养注意力的途径。注意力培养的途径有自我暗示法、情境想象法、培养间接兴趣法、自我奖励法、训练听课技巧等。自我暗示法，即在学习时不断提醒自己集中注意。此题选 A。

22. 解析：本题考查思维的类型。A 选项"动作思维"是以实际动作来支撑思维过程的思维；B 选项"形象思维"是需要依靠实物的具体形象和表象来运作的思维；C 选项"抽象思维"是以概念、判断、推理等形式进行的思维；D 选项"非形式逻辑思维"是没有明确逻辑形式或不遵照明确逻辑规则的思维。此题选 B。

23. 解析：本题考查的是动机产生的条件。动机产生的内在条件是需要，动机产生的外在条件是诱因。此题选 D。

24. 解析：本题考查的是情绪的状态。A 选项"热情"不属于情绪的类型；B 选项"应激"是在紧急情况下产生的一种情绪状态；C 选项"激情"是一种为时短促的情绪状态。此题选 D。

25. 解析：本题考查的是现代智力理论。A、B、C 选项均属于传统智力理论；D 选项属于现代智力理论。此题选 D。

26. 解析：本题考查的是人格的含义。人格是个人在各种情境中表现出来的一贯的行为方式、个人适应环境的习惯系统、个人的生活风格、个人的生活方式、个人与他人互动的方式、个人实现其社会角色的方式、个人做任何事的共同方式等。此题选 A。

27. 解析：本题考查埃里克森人格发展阶段理论。A 选项"信任对不信任"是婴儿期（0~1.5 岁）发展面临的主要冲突；B 选项"自主对羞愧、怀疑"是儿童早期（1.5~3 岁）发展面临的主要冲突；C 选项"主动对内疚"是学龄前期（3~6 岁）发展面临的主要冲突；D 选项"勤奋对自卑"是学龄期（6~12 岁）发展面临的主要冲突。此题选 C。

28. 解析：本题考查的是认知主义学习理论。A 选项"格式塔"代表理论是顿悟-完形学习理论；B 选项"托尔曼"代表理论是符号学习理论；C 选项"布鲁纳"代表理论是认知发现学习理论；D 选项"奥苏贝尔"代表理论是认知接受理论，其主张学生最主要的学习方式是接受学习。此题选 D。

29. 解析：本题考查的是学习迁移。A 选项"正迁移"是指一种学习对另一种学习起促进作用；B 选项"负迁移"是指一种学习对另一种学习起阻碍、干扰作用；C 选项"近迁移"是指学习情境相近的迁移，与之相对的"远迁移"指学习情境不相似的迁移；D 选项"零迁移"是指一种学习对另一种学习不产生影响。此题选 B。

30. 解析：本题考查人际吸引影响因素。人们倾向于和自己认知、喜好、经验及人格等方面相似的人进行互动。个体喜欢和自己观点一致的人。在人际交往中，双方对事物观点的协调一致性，会使双方产生心理上的舒适感。此题选C。

二、判断题（每小题2分，共30分）

题号	31	32	33	34	35
答案	√	√	×	√	√
题号	36	37	38	39	40
答案	√	√	√	√	√
题号	41	42	43	44	45
答案	×	√	√	√	√

31. **解析**：本题考查中国古代的科举制度。科举制度下考生主要有两个来源：一是国子监和有关官学的学生经所在学校考试合格选送应试者，称为生徒；二是由地方政府逐级考试选拔后报送尚书省应试者，称为乡贡。此题正确。

32. **解析**：本题儒家教育思想。孔子教育思想以"仁"为核心和最高道德标准，道德教育居于首要地位。此题正确。

33. **解析**：本题考查近代教育体制的初步建立。京师大学堂是中国近代第一所国立综合性大学，创办于1898年。中国近代第一所新式学堂是1862年创办的京师同文馆。此题错误。

34. **解析**：本题考查职业教育。20世纪初，为满足美国社会经济发展对有文化的技术工人的需求，美国政府非常重视职业教育的发展。1906年，美国"全国职业教育促进会"正式成立。此题正确。

35. **解析**：本题考查高等教育的大众化。1970年和1971年，美国加州大学伯克利分校的马丁·特罗教授在《从大众向普及高等教育的转变》和《高等教育的扩张与转化》中提出了高等教育发展阶段划分的理论：当一个国家适龄青年中接受高等教育者的比率在15%以下时，属于精英高等教育阶段；比率在 15%～50%为大众化高等教育阶段；比率在50%以上，为普及化高等教育阶段。此题正确。

36. **解析**：本题考查体谅模式。体谅模式是由英国学者麦克菲尔及其同事所创的。这种德育模式也被称作"学会关心"德育模式。此题正确。

37. **解析**：本题考查教师专业发展的阶段性。国内学者提出的教师专业发展阶段论中，比较有代表性的是叶澜等提出的"自我更新"取向的教师专业发展理论。该理论把教师专业发展阶段分为5个阶段。此题正确。

38. **解析**：本题考查依法执教。依法执教是指教师在教育教学活动中，依照教育法律的规定，依法行使权利，自觉履行义务，逐步使教育教学工作走上法制化和规范化。它是依法治教方略在教师工作中的具体体现，也是对教师的基本要求。此题正确。

39. **解析**：本题考查我国基础教育课程改革，难度中等。2001年6月8日，教育部颁布了《基础教育课程改革纲要（试行）》，标志着我国基础教育新课程改革的正式实施，这是新中国成立以来我国进行的第8次基础教育课程改革，也是至今规模最大、影响最为深远的一次课程改革。此题正确。

40. **解析**：本题考查学习动机。学习动机是推动学生学习的内部动力。在开始新知识的教学之前，不仅学生需要做好学习的心理准备，教师还应采取适当的方法引起学生的学习兴趣，唤醒学生的求知欲。此题正确。

41. **解析**：本题考查班主任了解和研究学生的内容。了解和研究学生是班主任开展工作的前提，是班主任教育学生的基础。班主任了解和研究学生的内容主要有两个方面：一是了解和研究学生集体；二是了解和研究学生个体。此题错误。

42. **解析**：本题考查心理学的任务。陈述、解释、预测和控制人的心理和行为，探索和揭示心理现象发生、发展和变化的规律，是心理学的根本任务。此题正确。

43. **解析**：本题考查言语理解。言语理解是指看懂或听懂语言或文字材料，是从句子表层结构到深层结构的过程。言语理解包括理解口头语言和书面语言。此题正确。

44. **解析**：本题考查相互作用论。皮亚杰认为，心理发展受成熟、自然经验、社会经验及平衡化的影响，其中平衡化是决定性因素。此题正确。

45. **解析**：本题考查阅读教学策略。大量阅读训练法是一种帮助学生提高阅读理解能力的教学策略。通过大量的阅读练习，学生可以提高阅读速度和阅读理解能力，同时也可以扩大词汇量和积累阅读素材。此题正确。

三、填空题（每小题2分，共30分）

46. 京师同文馆

解析：本题考查洋务学堂。京师同文馆是第一所洋务学堂，也是我国最早的官办新式学堂，是近代中国被动开放的产物，最初是作为外语学校设立的，后来发展成为一所以外语教学为主、兼习各门"西学"的综合性学校。

47. 古巴比伦教育

解析：本题考查古代东方国家的教育。"古巴比伦教育"的发展，尤其是其专门学校教育的出现，标志着人类教育发展步入新的历史时期，古巴比伦教育是"人类最初的学校教育的摇篮，也是人类正式教育的起点"。

48. 苏格拉底

解析： 本题考查苏格拉底的教育思想。苏格拉底是希腊（雅典）哲学的创始人之一，他认为教育的首要任务在于形成美德，提出了"美德可教"的主张——知识教育是道德教育的主要途径，借助于知识的传授和智慧的发展，即可造就有道德的人。

49.《论雄辩家》

解析： 本题考查西塞罗的教育思想。西塞罗是古罗马著名的演说家和教育家，代表作为《论雄辩家》。

50.《大教学论》

解析： 本题考查夸美纽斯的教育思想。夸美纽斯是17世纪捷克著名的爱国主义者、民主主义教育实践家和理论家。其代表作《大教学论》是教育学开始成为一门独立学科的标志，被认为是近代第一本教育学著作。

51. 清末

解析： 解析：本题考查我国现代学制的建立。我国现代学制的建立始于清末。1840年鸦片战争后，清政府采取了"废科举，兴学校"的措施，改革教育，制定学制。

52. 特殊教育

解析： 本题考查我国学校教育制度的类型。从类别结构上看，当前我国的学校教育制度可以分为基础教育、职业技术教育、高等教育、成人继续教育和特殊教育五大类。

53. 调控性与创造性

解析： 本题考查学生的特点。学生是有意识、有情感、有个性的社会人，具有主观能动性，不是被动的加工对象。学生主体性主要表现在独立性、选择性、调控性与创造性几个方面。

54. 心理性隐性课程

解析： 本题考查隐性课程的表现形式。隐性课程是指在学校中以间接的、内隐的方式呈现的课程。学生在学校环境中通过隐性课程无意识地获得经验、人生观、价值观、世界观等意识形态内容和文化影响。根据课程呈现方式，学校教职工人际关系情况、师生交往的心理和行为方式等属于心理性隐性课程。

55. 发展心理学

解析： 本题考查心理学的谱系。发展心理学是一门研究个体毕生心理发展的学科。它揭示个体在不同年龄时的心理特征，以及这些特征如何影响个体的成长。

56. 再认或回忆

解析： 本题考查记忆的相关知识。记忆是在头脑中积累和保存个体经验的心理过程，从信息加工的观点来看,记忆是对信息进行编码、储存和提取。记忆包括识记、保持、再认或回忆3个基本环节。

57. 生理唤醒

解析: 本题考查情绪的含义。情绪表现在人们身上,有很多种形式,是个非常复杂的概念。Izard 认为,情绪是复合的心理现象,是由主观体验、外部表现和生理唤醒3种成分组成的。

58. 埃里克森

解析: 本题考查新精神分析流派。埃里克森是新精神分析流派的代表人物,他的人格发展阶段理论涵盖机体成熟、自我成长和社会文化因素。

59. 信息加工学习理论

解析: 本题考查信息加工学习理论。加涅的信息加工学习理论是当前比较有代表性的学习理论。他把人类的学习活动和计算机对信息加工的过程进行了类比,展示了学习过程中的信息流程。

60. 感知觉

解析: 本题考查感知觉。感知觉是人认识客观世界的开始,也是儿童高级认知活动发展的基础。在婴儿的认知发展中,最先、最快发展的是感知觉。

四、名词解释(每小题4分,共20分)

61. **解析:** 本题考查遗传的含义。

遗传是指从上一代遗传来的生理解剖上的特性,如机体的构造、形态、感官及神经系统等特点。这些遗传生理特点又称遗传素质,是人类发展的天然前提或生理前提。(4分)

62. **解析:** 本题考查价值澄清模式的含义。

价值澄清模式是路易斯·拉斯等人针对美国儿童在多元素社会中必须面对多种价值观的选择而提出的理论。价值澄清模式中常使用的方法包括澄清应答法和价值单法。(4分)

63. **解析:** 本题考查课程计划的含义。

课程计划也称课程方案。它是根据教育目的和各级各类学校的培养目标与教育任务等,由国家教育行政部门制定的学校教育教学工作的指导性文件,对各级各类学校的课程设置、课程顺序、学时安排等做出了全面安排。(4分)

64. **解析:** 本题考查心理学的含义。

心理学是对人的行为和心理活动规律进行研究的科学。它通过探索人的心理活动和对

行为的观察，调节与控制人的心理活动。（4分）

65．解析：本题考查教师威信的含义。

教师威信是指教师在学生心中的威望和信誉，是一种可以使教师对学生施加影响并产生积极效果的感召力和震撼力。教师威信实质上反映了一种良好的师生关系，是教师成功地扮演教育者角色、顺利完成教育使命的重要条件。（4分）

五、辨析题（每小题20分，共40分）

66．解析：本题考查文艺复兴的核心价值观和世界观。上述观点准确。

答案要点：

文艺复兴的核心价值观和世界观是"人文主义"。（4分）

人文主义的典型特征包括如下几点。

第一，肯定人的价值和尊严。（4分）

第二，宣扬人的思想解放和个性自由。（4分）

第三，肯定现世生活的价值和追求享乐。（4分）

第四，尊崇知识、弘扬理性。（4分）

67．解析：本题考查教师威信的建立。上述观点不准确。

答案要点：

教师威信的形成是一个复杂的过程，涉及多种因素的共同作用，教师本身的条件对教师威信的建立起决定性作用。（5分）

教师可以通过以下途径建立威信。

培养良好的道德品质。（3分）

培养良好的认知能力和性格特征。（3分）

注重良好仪表、风度和行为习惯的养成。（3分）

给学生留下良好的第一印象。（3分）

做学生的朋友和知己。（3分）

六、简答题（每小题10分，共50分）

68．解析：本题考查学校教育主导作用充分发挥的条件。

答案要点：

一是受教育者的主观能动性。（4分）

二是学校教育条件。（2分）

三是家庭环境因素。（2分）

四是社会发展状况。（2分）

69. 解析： 本题考查德育的功能。

答案要点：

德育的个体性功能。主要体现在德育对个体生存、发展、享用发生影响3个方面。（3分）

德育的社会性功能。德育的发展具有社会制约性，同时它又与政治、经济、文化等共同构成社会大系统，并在其中发挥重要作用。（4分）

德育的教育性功能。德育主要解决的是受教育者的发展方向问题，直接反映着时代的特点和社会的要求。（3分）

70. 解析： 本题考查美育的意义。

答案要点：

美育有助于开阔学生的知识视野，发展学生的智力，培养其创新精神。（4分）

美育有助于净化学生心灵、培养高尚的道德情操。（2分）

美育有助于促进学生身体健美发展。（2分）

美育有助于学生培养和形成劳动的观点。（2分）

71. 解析： 本题考查班级管理的原则。

答案要点：

方向性原则。班级管理工作必须坚持正确的方向，用正确的思想引导学生。（2分）

全员激励原则。班级内每个成员充分发挥自身的潜能，实现个人目标和班级目标。（2分）

教管结合原则。把班级的教育工作和管理工作辩证地统一起来，做到教中有管、管中有教。（2分）

平信管理原则。既通过对集体的管理去间接地影响个人，又通过对个人的直接管理去影响集体，从而把对集体和个人的管理结合起来。坚持全面发展，鼓励学生个性发展。（2分）

全面管理原则。（2分）

72. 解析： 本题考查讲授法的教学技巧。

答案要点：

先行组织者。先行组织者是先于学习任务本身呈现的一种引导性材料，其抽象水平、概括水平和综合水平高于学习任务，并且与认知结构中原有的观念和新的学习任务相关联。它是新旧知识发生联系的桥梁，为学生提供清晰的、结构化的、渐进式的信息，帮助学习者在原有的认知结构上吸收新的知识。（4分）

提供加工时间的策略。教师讲述信息的速度节奏要与学生信息加工时间相匹配，在教学中建立教学信息的冗余度，采用不同方式多次陈述重点教学内容，将信息多次呈现在学生面前。（3分）

提供总结的方法。在总结环节中，教师对所讲授的内容进行概括性陈述，带领学生回顾所学的知识点和重点，强化学生对知识点的理解和记忆，帮助学生形成系统的知识体系。教师还可以帮助学生对所学知识点进行整合和归纳，提高学生对知识点的理解和应用。（3分）

七、论述题（共20分）

73. **解析**：本题考查心理健康的标准。

答案要点：

智力正常。正常的智力水平是人类工作、学习、生存的最基础的心理条件。智力正常指人的观察力、注意力、记忆力、想象力和逻辑思维等方面均正常。（5分）

情绪稳定。它是指个体对客观事物能否满足其内在需求的主观感受。（3分）

意识健全。它是指个体自觉地确定目标，并根据目标尽力克服一切困难、以实现预定任务的心理过程。（3分）

适应良好。其包括社会适应、学习适应、生存适应等。（2分）

自我意识良好。它是指个体能正确地认识和评价自己。（2分）

人际关系良好。它是指个体能保持良好的情感互动。（2分）

人格完整健全。它是指个体能在紧张复杂的人际关系中维持和提升自己。（3分）

八、材料分析题（共50分）

74. **解析**：本题考查德育的原则。德育原则包括导向性原则，疏导原则，因材施教原则，知行统一原则，尊重信任学生与严格要求学生结合的原则，教育影响的一致性和连贯性原则，发扬积极因素、克服消极因素原则，集体教育与个别教育相结合原则，正面教育与纪律约束相结合原则。考生可运用这些理论对材料进行分析作答。

答案要点:

(1) 教师在德育过程中应该坚持导向性原则。导向性原则是指教育者要有一定的理想性和方向性,以指导学生向正确的方向发展。(8分)导向性原则是德育的一条重要原则,因为学生正处在品德迅速发展的关键时期,一方面他们的可塑性强,另一方面他们缺乏社会经验与识别力,易受外界的影响。材料中班主任让月评后3名的学生给前3名的学生买奖品的做法违背了正确的价值导向,做法是错误的,容易使学生受到社会唯利思潮的影响,不利于学生树立正确的价值观。(5分)

(2) 教师在德育过程中应坚持疏导原则。教师在德育过程中应因势利导,循循善诱,以表扬激励为主,坚持正面教育。(8分)材料中小浩的学习成绩不好,教师应该给予耐心的帮助和及时的指导,要关注小浩的情绪,帮助小浩树立学习的自信心,维护小浩的自尊心。(4分)

(3) 教师在德育过程中应坚持因材施教原则,应根据学生的年龄特征、个性差异及品德发展现状,采取不同的方法和措施,教师要以发展的眼光客观、全面、深入地了解学生,注意学生的个别差异,因材施教。(8分)材料中班主任没有关注小浩的学习状况——即使暗自努力,成绩也提升不了,其没有针对小浩的情况给予帮助,没有贯彻因材施教的德育原则。(4分)

(4) 教师在德育过程中应坚持尊重信任学生和严格要求学生相结合的原则,在德育过程中,把严和爱有机地结合在一起,使自身的合理要求转化为学生的自觉行动。教师要有强烈事业心、责任感及尊重热爱学生的态度,要从学生的年龄特征和品德发展现状出发,提出适度要求,并坚定不移地将这一原则贯彻到底。(8分)材料中班主任表示自尊心是自己树立的,不是别人给的,体现出其没有做到尊重和信任学生,没有把严与爱结合起来,给学生提出适度要求,而是一味地严格要求学生。(5分)

(言之有理可酌情给分)

教育理论基础

全真模拟试卷（九）

参考答案及精析

一、单项选择题（每小题2分，共60分）

题号	1	2	3	4	5
答案	C	A	B	B	D
题号	6	7	8	9	10
答案	C	C	A	B	A
题号	11	12	13	14	15
答案	C	B	D	D	D
题号	16	17	18	19	20
答案	D	D	D	B	A
题号	21	22	23	24	25
答案	B	D	C	A	B
题号	26	27	28	29	30
答案	B	B	C	D	A

1. 解析：本题考查中国古代书院的发展，难度中等。书院最初是聚书、藏书之地，后逐渐演变为士人读书、讲学、求学的教育机构和著书、编书、校书、出书的学术研究机构，同时也是所在地的文化交流中心，祭祀、藏书、讲学、出书是书院最主要的活动。此题选C。

2. 解析：本题考查中国古代主要思想学派。A选项"儒家"主张"有教无类"，即不分贵族与平民，人人都可以接受教育；B 选项"墨家"主张建设一个民众平等、互助的"兼爱"社会，主张"虽不扣而必鸣"；C 选项"道家"主张"弃圣绝智""弃仁绝义"，根据"道法自然"的哲学，主张回归自然、"复归"人的自然本性、一切任其自然，便是最好的教育；D 选项"法家"主张"以法为教""以吏为师"，即法令之外无教育内容，官吏之外无教导者。此题选 A。

3. 解析：本题考查中国近代教育家及其思想理论，难度中等。A 选项"康有为"提出"才智之民多则国强，才智之士少则国弱"的观点；B 选项"梁启超"是中国近代史上首位以专文论述师范教育的人，也是我国最早提出设立师范学校的人；C 选项"严复"主要提出中国贫弱的根源在于民离、民智、民德的薄弱，中国的奋起也就必须从提高国民素质入手，尤以兴民德为最重要也最难；D 选项"黄炎培"主要提出有中国特色的职业教育理论。此题选 B。

4. 解析：本题考查的是马克思主义教育理论的提出。在教育本质的问题上，杨贤江认为教育是劳动力再生产手段。此题选 B。

5. 解析：本题考查的是基督教的教育机构。西欧中世纪的教育呈现出强烈的基督教神学色彩，基督教神学体系逐步完善，宗教组织结构日益健全，建立的专门的宗教教育机构包括修道院学校、主教学校、教区学校。此题选 D。

6. 解析：本题考查 17 世纪至 18 世纪德国教育的发展。德国最早的学校教育受益于宗教改革，其建立和发展了拉丁和文法中学，学校完全由教会掌控，成为近代西方最早致力于普及义务教育的国家。此题选 C。

7. 解析：本题考查外国近代教育家及其思想理论。A 选项"斯宾塞"是英国著名的实证主义者，反对思辨，主张科学只是对经验事实的描写和记录；B 选项"涂尔干"是近代法国著名的社会学家和教育家；C 选项"第斯多惠"是德国著名的资产阶级民主主义教育家，被誉为"德国师范教育之父"；D 选项"福禄培尔"是 19 世纪德国著名学前教育家，创办了世界上第一所幼儿园，被誉为"幼儿教育之父"。此题选 C。

8. 解析：本题考查教育的社会属性。教育的永恒性是指教育是一种特殊的社会现象，它无处不在。无论国家如何变化，它都随着人类社会的发展而发展，永远不会消失。此题选 A。

9. 解析：本题考查的是马克思主义关于人的全面发展学说。社会主义制度是促进人类进步的重要基础。此题选 B。

10. 解析：本题考查义务教育的特征。义务教育具有强制性、免费性、普及型等特征，其中，强制性是义务教育最本质的特征，免费性又称公益性。此题选 A。

11. 解析：本题考查德育原则的基本概念及具体要求，难度中等。A 选项"导向性原则"指的是教育者要有一定的理想性和方向性，以指导学生向正确的方向发展；B 选项"疏导原则"又称循循善诱原则，指的是教育者要循循善诱、以理服人，从提高学生认识入手，调动学生的主动性，使他们积极向上；C 选项"因材施教原则"指的是教育者应根据学生的年龄特征、个性差异及品德发展现状，采取不同的方法和措施，提高德育的针对性和实效性；D 选项"知行统一原则"指的是教育者既要重视对学生进行系统的思想道德理论教育，又要重视组织学生参加实践锻炼，把提高认识和行为养成结合起来，使学生做到言行一致。此题选 C。

12．解析：本题考查的是教师职业的性质与教师的专业身份。1993 年我国颁布的《中华人民共和国教师法》明确定义教师为"履行教育教学职责的专业人员"。这是教师的专业地位首次在我国从法律角度被确认。此题选 B。

13．解析：本题考查的是教师劳动的特点。教师劳动的示范性不仅表现在教师需要将教学内容中的智慧、情感、价值观内化到自身的人格中来感染学生，还表现在教师的言行举止都会成为学生学习的对象、模仿的榜样。此题选 D。

14．解析：本题考查的是教师的职业道德。题目中班主任阻止家委会组织赠礼的行为，反映出其遵循了为人师表的教师职业道德规范。此题选 D。

15．解析：本题考查的是学生的主要权利。学生享有受教育权（最基本的权利）、人身权、财产权等主要权利，人身权又具体表现为身心健康权等，"教师口头谩骂、虐待学生"这种做法侵犯了学生的身心健康权。此题选 D。

16．解析：本题考查的是课程规范。课程标准是国家教育行政部门制定的某一学科或学习领域的课程纲领性文件，是教材编写、教育教学、评价与考试命题的依据。此题选 D。

17．解析：本题考查课程目标的形式取向，难度中等。A 选项"普遍性目标"指的是将一般教育宗旨或原则直接运用于课程领域，称为课程领域一般性、规范性的课程目标；B 选项"行为性目标"指的是以设计课程行为结果的方式对课程进行规范与指导的目标，指明了课程结束后学生自身行为的变化；C 选项"生成性目标"指的是在教育情境中随着教育过程的展开而自然生成的课程目标；D 选项"表现性目标"指的是学生在具体的课程情境中个性化的、创造性的表现，其追求的是学生反应的多元性。此题选 D。

18．解析：本题考查的是西方教育家及其思想理论。苏联教育家凯洛夫以马克思主义认识论为依据，把教学过程概括成感知、理解、巩固、应用 4 个阶段。凯洛夫的教学过程论在苏联教学理论中占主导地位，并且极大地影响了中国当代教学过程理论的发展。此题选 D。

19．解析：本题考查的是做好个别教育工作。班主任要帮助先进生正确理解自己与他人的差距，并引导先进生树立正确的竞争意识，学会正确处理竞争与合作的关系，努力赶超，防止他们因不良竞争而导致心理狭隘和做事不择手段。此题选 B。

20. 解析：本题考查心理学流派，难度中等。A选项"冯特"被称为构造主义的先驱；韦特海默、柯勒、考夫卡被认为是格式塔心理学的开山鼻祖。此题选A。

21. 解析：本题考查的是视觉。视觉现象是光直接作用于人眼产生的。波长在400～760纳米的电磁波，即可见光谱。此题选B。

22. 解析：本题考查的是视觉的适应功能。视觉适应的表现可分为明适应和暗适应。题目中所述现象属于暗适应。此题选D。

23. 解析：本题考查的是记忆的阶段。记忆是一个复杂的心理过程，识记、保持、再认或回忆是记忆的3个基本环节。回忆和再认就是在不同的情况下恢复过去经验的过程，当经历过的事物不在面前，能把它重新回想起来称回忆，当经历过的事物再度出现时，能把它认出来称再认。题目中小明讲述自己旅游时的所见所闻是记忆的回忆。此题选C。

24. 解析：本题考查的是动机的含义。动机产生的内在条件是需要，动机产生的外在条件是诱因。此题选A。

25. 解析：本题考查的是坎农-巴德情绪学说。激发情绪的刺激由丘脑进行加工。此题选B。

26. 解析：本题考查智力发展的一般规律。四年级的小学生，年龄一般是10～11岁，处于从具体形象思维向抽象思维的过渡时期，带有明显的具体形象性，此阶段是智力发展的"关键年龄"。智力关键年龄出现的早晚，取决于教育条件的好坏。此题选B。

27. 解析：本题考查的是奥尔波特的人格特质理论。奥尔波特把人格特质分为两类：共同特质和个人特质。此题选B。

28. 解析：本题考查的是前运算阶段。皮亚杰认为，处于前运算阶段的儿童思维尚未获得物体守恒的概念。往不同形状的杯子里倒入同样多的矿泉水，心心只关注水的高度，说明她还没有获得守恒的概念。此题选C。

29. 解析：本题考查对人际沟通分类的掌握。沟通不仅仅是信息的传递，还需要信息的接收、理解和反馈。如果对方拒绝交流，那么信息就无法传递，沟通的目的也就无法达成。此题选D。

30. 解析：本题考查心理效应。A选项"首因效应"是指第一印象在人际认知过程中起着重要作用，会对后续的人际交往产生强烈的影响，也是我们常说的"先入为主"；B选项"近因效应"是指人际沟通中最后印象对人们的认知形成的影响；C选项"晕轮效应"又称光环效应，是指人际交往中将对方所具有的某种特性泛化到其他相关的特性上，从局部信息主观推理形成对他人的一个完整印象；D选项"投射效应"是指人际交往过程中把自己的特性投射到其他人身上，习惯假设他人与自己有相同的倾向。此题选A。

二、判断题（每小题2分，共30分）

题号	31	32	33	34	35
答案	√	√	√	√	√
题号	36	37	38	39	40
答案	×	√	×	√	√
题号	41	42	43	44	45
答案	×	√	√	√	√

31．解析： 本题考查中国古代的科举制度。科举制度下考生主要有两个来源，一是国子监和有关官学的学生经所在学校考试合格选送应试者，称为生徒；二是由地方政府逐级考试选拔后报送尚书省应试者，称为乡贡。此题正确。

32．解析： 本题考查的是中国近代教育家及其思想理论。康有为是晚清时期重要的政治家、思想家、教育家，资产阶级改良派的代表人物，代表作为《大同书》。此题正确。

33．解析： 本题考查的是中国现代教育家及其思想理论。陈鹤琴是中国著名教育家、儿童心理学家。其毕生致力于儿童心理的研究，提倡"活教育"，创办和发展了我国的幼儿教育事业。此题正确。

34．解析： 本题考查古巴比伦时期的教育。世界上最早的专门学校出现于古巴比伦寺庙所在地。由于当时学校使用的教材为"泥板书"，学生所使用的主要学习工具为"泥板"，所以学校又被称为"泥板书会"。此题正确。

35．解析： 本题考查中世纪大学的类型。博洛尼亚大学和巴黎大学分别是学生型大学和教师型大学的典型代表。此题正确。

36．解析： 本题考查亚里士多德的教育思想。亚里士多德认为，人的灵魂应当分为三部分：植物灵魂，即人的身体的生理部分；动物灵魂，即人的感觉部分；灵性灵魂，即人的理性部分。此题错误。

37．解析： 本题考查德育目标的特点。德育目标的社会性指的是学校德育能够在何种程度上对社会发挥何种性质的作用。德育目标具有历史性、民族性、时代性等特征。德育目标的社会性是教育目标社会制约性的最集中、最突出的特点。此题正确。

38．解析： 本题考查国家对教师从业资格的要求。根据《中小学教师资格定期注册暂行办法》规定："中小学教师资格实行5年一周期的定期注册。定期注册不合格或逾期不注册的人员，不得从事教育教学工作。"此题错误。

39．解析： 本题考查教师专业化发展的基本途径。在职培训主要包括教学反思、校本培训、校外支援与合作等形式。此题正确。

40．解析：本题考查《中华人民共和国义务教育法》。《中华人民共和国义务教育法》是新中国成立以来颁布的第一部基础教育方面的法律，是促进和保障我国基础教育健康发展的根本大法。此题正确。

41．解析：本题考查教科书的概念。教科书是课程资源中的核心资源，是严格依据课程标准编制的，为实现课程目标而精选学科教育必要内容编制的，师生共同使用的教学用书。此题错误。

42．解析：本题考查声波。声波可以分成纯音和复合音，周期性振动的复合音就是乐音，非周期性振动的复合音就是杂音。此题正确。

43．解析：本题考查动机与行为效果。耶克斯·多德森通过实验研究发现，每项任务都存在一个最佳的动机水平。动机太强或太弱，都会影响行为效果。最佳动机水平不是固定不变的，而是随着任务性质的变化而变化的。此题正确。

44．解析：本题考查记忆广度。记忆广度是指个体在单位时间内记忆材料的最大数量。研究表明，儿童记忆广度的发展随年龄而增加，至初中阶段记忆广大达到最高水平，此后逐渐下降。此题正确。

45．解析：本题考查噪音的形式。噪音是发生在信息发送者和信息接收者之间阻止信息传达和正确理解的障碍。噪音可以分为3种形式：外部噪音、内部噪音及语义噪音。此题正确。

三、填空题（每小题2分，共30分）

46．"学在官府"

解析：本题考查西周的教育制度。在文化教育方面，西周的教育制度的历史特征是"学在官府"，即一切文化教育事业均为贵族所占有、享受和管理，反映了文化教育的被垄断地位，具体表现为：唯官有书而民无书；唯官有器而民无器；唯官有学而民无学。

47．实业（技术）学堂

解析：本题考查洋务学堂。洋务学堂是以西方近代科技文化为主要教育内容，初步显示出近代教育特征，推动了中国教育的近代转型。洋务学堂大致可以分为三类：第一类是方言（外语）学堂；第二类是武备（军事）学堂；第三类是实业（技术）学堂。

48．"五段教学法"

解析：本题考查的是学校教学方法的改革试验。清末以来，西方教学法开始传入中国，最为流行的是赫尔巴特的"五段教学法"。20世纪20年代初，各种教学法相继传入中国。其中，设计教学法和道尔顿制对我国中小学的教学影响最大。

49. 巴黎大学

解析：本题考查中世纪大学的类型。博洛尼亚大学和巴黎大学分别是学生型大学和教师型大学的典型代表。

50. 《教育论》

解析：本题考查斯宾塞的教育思想。斯宾塞是英国著名的实证主义者，反对思辨，主张科学只是对经验事实的描写和记录，代表作为《教育论》。

51. 就业

解析：本题考查基础教育与职业教育的综合化。以基础知识为主要教学内容的普通教育，其主要目标是升学。而职业教育的主要目标是就业，它的主要教学内容是从事某种职业或生产劳动所需的知识和技能。

52. 意

解析：本题考查德育过程的基本规律。德育过程是培养学生知、情、意、行的过程。知、情、意、行是构成学生品德的4个基本因素，这4个因素之间既是相对独立的，又互相有联系。

53. 社会道德上的相互促进关系

解析：本题考查师生关系对教育的作用。师生关系在教育过程中具体表现为：教学上的授受关系、人格上的平等关系、社会道德上的相互促进关系。师生关系的最高原则是社会道德上的相互促进关系。

54. 总结性评价

解析：本题考查CSE评价模式。CSE评价模式是以研究和推广该评价模式的以美国加利福尼亚大学洛杉矶分校评价研究中心的缩写来命名的课程评价模式，其指出，课程评价包括4个步骤：需要评定、方案计划、形成性评价、总结性评价。该评价模式使评价活动贯穿于教育改革全过程，评价的形成性功能和总结性功能得到了有机地统一，评价的结果具有相当的弹性和应变性。

55. 教育机智

解析：本题考查班主任的专业能力。班主任的应变处理能力也被称为教育机智，指的是班主任对突发事件做出妥善处理的能力。

56. 发展性

解析：本题考查心理学的研究方法。心理学的研究应遵循客观性和发展性两个基本原则。客观性原则强调，心理学家应当以客观的视角来探索人类心理活动的发生、发展及它们对社会结构的影响；发展性原则强调人的心理活动是动态变化和发展的。

57. 维持功能和调节功能

解析：本题考查动机的基本功能。动机是指激发、维持个体活动并使活动朝向某一目标的内在动力，是推动个体从事某种活动的内在原因。动机具有激活功能、引导功能、维持功能和调节功能。

58. 零迁移

解析：本题考查学习迁移的分类。根据迁移的影响效果，学习迁移可分为正迁移、负迁移和零迁移。

59. 自我监控

解析：本题考查元认知能力。元认知策略认为，自我监控是元认知能力的核心，贯穿于学习活动前、学习活动中及学习活动结束后3个过程。

60. 兼具活动和个性两重功能

解析：本题考查学习风格。学习风格有3个特点：独特性、稳定性、兼具活动和个性两重功能。

四、名词解释（每小题4分，共20分）

61. **解析**：本题考查个性的含义。

个性是指个体在社会生活中表现出来的一种独有的特性。从心理上讲，个性既表现出某种自觉倾向，又表现出明显的个体差异。

62. **解析**：本题考查社会学习模式的含义。

社会学习模式形成于20世纪70年代，由班杜拉和米切尔等人创建。这种模式强调观察学习的重要意义。观察学习是指通过观看他人的行为而学会某种行为。

63. **解析**：本题考查课程标准的含义。

课程标准是国家教育行政部门制定的某一学科或学习领域的课程纲领性文件，具有导向性、专业性、标准性等特点。课程标准是教材编写、教育教学、评价与考试命题的依据。国家课程标准是国家课程计划的具体化，是国家对相应课程的基本规范和质量要求。

64. **解析**：本题考查应用心理学的含义。

应用心理学是一门将心理学理论与实践应用紧密结合起来的学科，旨在探索心理学在实际生活中的作用和影响。

65. **解析**：本题考查教师教学监管能力的概念。

教师教学监管能力是指教师为了保证教学活动的顺利进行，实现预期的教学目标，在教学过程中，不断对教学活动进行积极主动地计划、检查、反馈、控制和调节的能力。

五、辨析题（每小题20分，共40分）

66．解析：本题考查赫尔巴特的教育思想。上述观点准确。

赫尔巴特是德国著名教育家，被称为"现代教育学之父""科学教育学的奠基人"。（5分）其代表作《普通教育学》的出版，标志着教育学成为一门独立的学科，也标志着规范教育学的建立。（5分）

赫尔巴特强调系统知识的传授，强调课堂教学的作用，强调教材的重要性，强调教师的权威作用和中心地位，（5分）形成了传统教育课堂中心、教材中心、教师中心的特点，被看作是传统教育理论的代表。（5分）

67．解析：本题考查人际距离的相关知识。上述观点不准确。

人际距离可以传达出许多信息和情感。（5分）一般来说，距离越近，说明人际关系越亲密，信任度也更高；而距离越远，可能意味着人际关系比较疏远，或者双方之间存在隔阂。（5分）霍尔在1996年提出空间关系学，将人际距离分为4种：亲密距离、个体距离、社会距离及公共距离。（5分）

"0~0.5米"是亲密距离，通常在人与人之间最为亲密的情况下存在；"0.5~1.25米"是个体距离，适用于一般的社交情况；"1.25~3.5米"是社会距离，通常适用于正式的社交场合；"3.5米以上"是公共距离，通常适用于更为正式和公共的场合。（5分）

六、简答题（每小题10分，共50分）

68．解析：本题考查个体发展功能有效发挥的条件。

答案要点：

教育活动必修遵循个体的身心发展规律。（2分）

教育活动必须符合社会发展的方向和要求。（3分）

教师要有效地组织教育活动以促进学生发展。（2分）

教师要发挥引导作用，培养学生的自觉能动性。（3分）

69．解析：本题考查中小学德育的意义。

答案要点：

中小学德育是对学生实施社会主义政治意识、思想观念和道德品质的教育，具有十分

重要的意义。(4分)

第一,德育是实现我国教育目的的基本要求。(2分)

第二,德育为我国培养高素质的社会主义合格公民奠定基础。(2分)

第三,德育对促进学生的全面发展具有积极意义。(2分)

70. **解析**:本题考查运用演示法的基本要求。

答案要点:

教师要做好演示的设计和材料的准备。(3分)

教师要给学生布置观察任务。(2分)

在演示过程中,教师要与自己的语言引导相结合。(3分)

教师要注意演示的细节。(2分)

71. **解析**:本题考查注意品质的培养。

答案要点:

自我暗示法。它是指在学习时不断提醒自己集中注意。(2分)

情境想象法。在每次学习时想象自己当下正在考试现场,要在规定的时间内完成,从而提高自身紧张度和单位时间的学习效率。(2分)

培养间接兴趣。主要通过培养自身志向,确定自身的努力方式和计划,调动自身对学习内容的兴趣和求知欲,形成合理的学习动机,培养自身对学习内容的间接兴趣。(2分)

自我奖励法。给自己制定一份学习日常表,具体内容包括在几点几分内完成哪些工作。(2分)

训练听课技巧。在学习之前预习,让自己对要学习的材料有所准备。(2分)

72. **解析**:本题考查积极心理学。

答案要点:

积极心理学是由著名心理学家塞利格曼在心理学领域发起的,具有重要贡献。(2分)

第一,积极心理学极大地改善了人的形象,使人的形象更加完整和丰满。(2分)

第二,积极心理学极大地改善了心理学这门课及心理学研究者和从业者的形象,也改变了从事积极心理学课题研究的心理学家的社会地位和经济境遇。(3分)

第三,积极心理学极大地扩充了心理学的研究领域,并使心理治疗的理论和治疗技术更加丰富和完善。(3分)

七、论述题（每小题20分，共20分）

73. 解析： 本题考查教育与人口的关系。

答案要点：

人口是生活在一定社会、地区的个体的综合，其状况通常包括个体的数量、质量和机构。人口对教育发展具有一定的影响与制约。（3分）同时，教育的个体功能要转化为政治、经济功能，首先需要通过提高人口素质来实现。（3分）

人口对教育的影响如下。

第一，人口的年龄结构限制了真正的就学数量。（2分）

第二，人口的就业结构制约着教育的内部结构。（2分）

第三，学校布局受制于人口的地理分布。（2分）

第四，人口的民族结构对教育的影响更为复杂。（2分）

教育对人口的影响如下。

第一，教育提升人口质量。（2分）

第二，教育控制人口数量。（2分）

第三，教育改善人口结构。（2分）

八、材料分析题（共50分）

74. 解析： 本题考查班主任角色及其专业能力。班主任是对一个班的全体学生全面发展负全面责任的教师，个别教育是班主任根据班级每位学生的特点、兴趣、情感、需要和问题等，运用不同的教育方法单独进行的教育，包括做好先进生、中等生、后进生的教育工作。考生可运用这些理论对材料进行分析作答。

答案要点：

（1）正确认识每一位学生。每位学生都有优点和缺点，后进生同样也有"闪光点"，每位学生都应该得到平等的对待。（8分）因此，摸清后进生的基本情况，了解他们的性格、爱好、学习特点和思想状况，找出他们的落后根源是班主任的第一步工作。（6分）

（2）爱护学生，尊重学生，在生活和学习上关心他们。（8分）后进生一般都比较自卑，因此班主任要在关爱、尊重学生的前提下，鼓励和关心他们，让他感受到老师的关怀和集体的温暖，感受到集体对他们的期待。当他们取得哪怕一点儿进步的时候，也要及时给予表扬和鼓励，赞扬他们的优点，培养其自信心，使其消除自卑感。（8分）

（3）因材施教，针对个体的特殊情况做好个别后进生的转化工作。（8分）后进生不是天生的，而是由于不良的社会风气或家庭的影响及他们自身的思想或心理原因造成的。（4分）班主任在对他们进行教育时要晓之以理、动之以情，将影响他们发展的消极因素转化为积极因素，使其重新建立自信心、自尊心和进取心。（8分）

（言之有理可酌情给分）

教育理论基础

全真模拟试卷（十）

参考答案及精析

一、单项选择题（每小题2分，共60分）

题号	1	2	3	4	5
答案	B	B	B	A	C
题号	6	7	8	9	10
答案	D	B	B	A	A
题号	11	12	13	14	15
答案	D	A	D	A	D
题号	16	17	18	19	20
答案	D	C	D	D	B
题号	21	22	23	24	25
答案	C	C	D	B	A
题号	26	27	28	29	30
答案	C	D	D	D	A

1. **解析**：本题考查私塾的类型与性质，难度中等。A选项"家塾"指的是官宦和殷实人家延聘教师在家中教授子弟；B选项"学馆"由教书先生在家中或在外借赁场所开办，如"三味书屋"；C选项"义塾"由私人或社会团体创办，具有公益性质；D选项"村学"指的是村民联合聘请老师教授子弟。此题选B。

2. **解析**：本题考查中国古代主要思想学派，难度中等。A选项"儒家"主张"有教无类",即不分贵族与平民,人人都可以接受教育;B 选项"墨家"主张建设一个民众平等、互助的"兼爱"社会,主张"虽不扣而必鸣";C 选项"道家"主张"弃圣绝智""弃仁绝义",根据"道法自然"的哲学,主张回归自然、"复归"人的自然本性、一切任其自然,便是最好的教育;D 选项"法家"主张"以法为教""以吏为师",即法令之外无教育内容,官吏之外无教导者。此题选 B。

3. 解析:本题考查中国近现代教育家及其思想理论,难度中等。A 选项"黄炎培"主要倡导职业教育;B 选项"蔡元培"在《对于教育方针之意见》中提出军国民教育、实利主义教育、道德教育、美感教育和世界观教育"五育并举"教育方针;C 选项"晏阳初"主要倡导乡村教育;D 选项"陶行知"主要倡导生活教育。此题选 B。

4. 解析:本题考查的是人文主义者及其教育思想与实践。维多利诺被誉为"第一位新式学校的教师"。1423 年,他创建了新式寄宿学校——"快乐之家"。此题选 A。

5. 解析:本题考查 19 世纪德国教育的发展。19 世纪德国高等教育发展具有世界意义,大学自治、学术自由、教学与科研相统一是洪堡为大学制定的基本准则,柏林大学是德国大学新精神的代表,其办学模式为德国其他地区及世界各地所效仿,被誉为"现代大学之母",开创了世界高等教育的新时代。此题选 C。

6. 解析:本题考查外国近代教育家及其思想理论。A 选项"洛克"是英国著名的实证主义者;B 选项"卢梭"是法国启蒙运动时期杰出的思想家和教育家,是坚定的性善论者,以"自然教育理论"著称;C 选项"斐斯泰洛奇"是 19 世纪瑞士著名的民主主义教育家,世界教育史上第一位明确提出"教育心理学化"的教育家,被称为"现代初等学校各科教学法的奠基人";D 选项"赫尔巴特"是德国著名教育家,被誉为"现代教育学之父""科学教育学的奠基人"。此题选 D。

7. 解析:本题考查教育的社会属性。不同时期的教育不同(教育的性质、目的、内容各不相同)。此题选 B。

8. 解析:本题考查的是教育促进社会发展的作用。教育作为社会结构的子系统,通过培养人来影响社会的发展,构成教育的社会功能。其中首要的是教育的经济功能——普及义务教育,通过传授一般的文化知识,以提高全民的文化素质,为经济发展提供具有良好知识背景的人力资源,在一定程度上满足了机器大生产对高素质劳动力的需求,促进了社会的发展。此题选 B。

9. 解析:本题考查义务教育的确立和发展,难度中等。资本主义社会率先开创了义务教育制度,德国是世界上最早实施义务教育的国家,后来,美国、英国、日本也相继实行义务教育。此题选 A。

10. 解析:本题考查的是我国近代几种学制的基本情况。1902 年清政府颁布的《钦定学堂章程》是中国近代第一个学制法案,又称"壬寅学制",具体规定了各级各类学堂的性质、培养目标、入学条件、入学年限、课程设置和相互关系，也规定了强迫（义务）教育的内容。但是由于诸多原因，该学制未能实施。此题选 A。

11. 解析：本题考查德育原则的基本概念及具体要求，难度中等。A 选项"导向性原则"指的是教育者要有一定的理想性和方向性，以指导学生向正确的方向发展；B 选项"疏导原则"又称循循善诱原则，指的是教育者要循循善诱、以理服人，从提高学生认识入手，调动学生的主动性，使他们积极向上；C 选项"因材施教原则"指的是教育者应根据学生的年龄特征、个性差异及品德发展现状，采取不同的方法和措施，提高德育的针对性和实效性；D 选项"知行统一原则"指的是教育者既要重视对学生进行系统的思想道德理论教育，又要重视组织学生参加实践锻炼，把提高认识和行为养成结合起来，使学生做到言行一致。此题选 D。

12. 解析：本题考查的是教师职业的性质与教师的专业身份。1993 年我国颁布的《中华人民共和国教师法》明确定义教师为"履行教育教学职责的专业人员"。这是教师的专业地位首次在我国从法律角度被确认。此题选 A。

13. 解析：本题考查的是教师的自我教育中的个体专业化发展。A 选项"师范教育"是教师个体专业化发展的起点和基础，是建立在教师的专业特性之上，为培养教师专业人才服务的；B 选项"入职辅导"是一个安排有序的计划，意在专门向新老师提供至少为期一年的系统而持续的帮助，使之尽快适应环境，进入角色；C 选项"在职培训"主要包括教学反思、校本培训、校外支援与合作等形式；D 选项"教师的自我教育"就是教师专业化的自我建构，是教师个体专业化发展最直接、最普遍的途径。此题选 D。

14. 解析：本题考查的是学生的主要权利。A 选项"受教育权"包括受满法定年限教育权、学习权、公正评价权 3 种不同的具体权利，是学生最基本的权利；B 选项"隐私权"指的是学生不愿为他人所知晓的空间、私密活动或信息的权利；C 选项"人格尊严权"指的是学生人格尊严不得侮辱、诽谤等，不得体罚或变相体罚；D 选项"身心健康权"指的是自然人的身心健康受法律保护。此题选 A。

15. 解析：本题考查课程目标的形式取向，难度中等。A 选项"普遍性目标"指的是将一般教育宗旨或原则直接运用于课程领域，称为课程领域一般性、规范性的课程目标；B 选项"行为性目标"指的是以设计课程行为结果的方式对课程进行规范与指导的目标，指明了课程结束后学生自身行为的变化；C 选项"生成性目标"指的是在教育情境中随着教育过程的展开而自然生成的课程目标；D 选项"表现性目标"指的是学生在具体的课程情境中个性化的、创造性的表现，其追求的是学生反应的多元性。此题选 D。

16. 解析：本题考查的是西方教育家及其思想理论。A 选项"昆体良"把教学过程分为模仿、讲述、练习 3 个步骤；B 选项"夸美纽斯"把教学过程分为感觉、记忆、理解、判断 4 个步骤；C 选项"赫尔巴特"把教学过程分为明了、联想、系统、方法 4 个步骤；D 选项"杜威"把教学过程分为情景、问题、观察、解决、应用 5 个步骤。此题选 D。

17. **解析**：本题考查教学原则的内涵。A 选项"方向性原则"是指教学要以马克思主义为指导，分析和理解教学内容；B 选项"直观性原则"是指在教学中教师应向学生呈现所学知识的实物或模像等，并引导学生直接观察；C 选项"启发性原则"是指教师围绕教学目标，鼓励学生独立思考，培养积极思维，引导学生自觉主动地学习和掌握科学知识，提升分析问题和解决问题的能力；D 选项"巩固性原则"是指教学应引导学生在理解的基础上，牢固地掌握所学的知识并加深和提升已有的技能，在需要运用时能迅速再现出来。此题选 C。

18. **解析**：本题考查的是做好个别教育工作。班主任若能正确把握后进生的转化时机，可以起到事半功倍的效果。较好的转化时机包括后进生长期遭受冷落与歧视，突然感到温暖；长期体会失败，偶尔取得成功；一时受到启发，开始思考自己的过失等。此题选 D。

19. **解析**：本题考查的是实验法研究。实验法是在控制的条件下通过系统地操纵某种变量的变化，研究这种变量的变化对其他变量的影响，有现场实验和实验室实验两种方式。在进行心理学实验研究时，要考虑三类变量：一是由实验者安排、控制、操纵和实施的实验条件，即自变量；二是实验者要收集和研究的对象，要观察、测量和记录的变量，即因变量；三是实验者要排除某些影响实验结果的变量，即控制变量。此题选 D。

20. **解析**：本题考查的是视觉。我们所看到的光基本上都是各种波长的复合光。而这种复合光的颜色一般是由红、绿、蓝三原色，按不同比例组成的。此题选 B。

21. **解析**：本题考查的是记忆的类型。情感记忆是以体验过的某种情绪或情感为内容的记忆，小倩的挫败感是一种情感，属于情感记忆。此题选 C。

22. **解析**：本题考查思维的类型。A 选项"动作思维"是以实际动作来支撑思维过程的思维；B 选项"形象思维"是需要依靠实物的具体形象和表象来运作的思维；C 选项"抽象思维"是以概念、判断、推理等形式进行的思维；D 选项"直觉思维"是不遵照传统的思维规则，而是迅速并合理地猜想问题的答案，或者突然领悟答案的思维。此题选 C。

23. **解析**：本题考查的是马斯洛的需要层次理论。D 选项"归属与爱的需要"是指一个人希望与他人建立感情连接，获得他人心理上的支持，希望归属于一个团体的需要。题目中雯雯渴望得到老师和同学们的喜爱，这种需要属于归属与爱的需要。此题选 D。

24. **解析**：本题考查的是动机的类别。生理性动机又称原发性动机、原始性动机、生物性动机，是以生理需要为基础而产生的动机，如饥饿、渴、缺氧、睡眠等动机。此题选 B。

25. **解析**：本题考查的是特质因素论。A 选项"奥尔波特"首次提出人格特质理论；B 选项"卡特尔"提出了人格因素论；C 选项"艾森克"提出了 3 个维度的特质理论；D 选项"弗洛伊德"提出了精神分析理论。此题选 A。

26. **解析**：本题考查精神分析理论。弗洛伊德认为，人格的成分包括本我、自我和超我。人格中最基本的部分是本我,由先天的本能和基本欲望组成,遵循"快乐原则"。自我介于现实和本能之间,是有理智和意识的,遵循"现实原则"。超我是一种监督的自我,代表着社会伦理道德,遵循"完美原则"。此题选C。

27. 解析: 本题考查的是学习的含义。学习是人和动物都会进行的,由于后天的经历和经验引起的行为、能力、态度等相对持久和稳定的变化。A、B、C选项都是先天本能的行为,不是学习。此题选D。

28. 解析: 本题考查人际距离的相关知识。A选项"0~0.5米"是亲密距离,通常在人与人之间最为亲密的情况下存在;B选项"0.5~1.25米"是个体距离,适用于一般的社交情况;C选项"1.25~3.5米"是社会距离,通常适用于正式的社交场合;D选项"3.5米以上"是公共距离,通常适用于更为正式和公共的场合。此题选D。

29. 解析: 本题考查心理效应。A选项"首因效应"是指第一印象在人际认知过程中起着重要作用,会对后续的人际交往产生强烈的影响,也是我们常说的"先入为主";B选项"近因效应"是指人际沟通中最后印象对人们的认知形成的影响;C选项"晕轮效应"又称光环效应,是指人际交往中将对方所具有的某种特性泛化到其他相关的特性上,从局部信息主观推理形成对他人的一个完整印象;D选项"投射效应"是指人际交往过程中把自己的特性投射到其他人身上,习惯假设他人与自己有相同的倾向。此题选D。

30. 解析: 本题考查的是心理健康标准的心理特征。综合国内外专家的观点,目前对于心理健康的标准可以基本概括为智力正常、情绪稳定、意志健全、适应良好、自我意识好、人际和谐、人格完整健全。此题选A。

二、判断题(每小题2分,共30分)

题号	31	32	33	34	35
答案	√	×	√	√	√
题号	36	37	38	39	40
答案	√	√	√	√	√
题号	41	42	43	44	45
答案	√	√	×	√	×

31. 解析: 本题考查的是"苏湖教法"的核心。"苏湖教法"是教育家胡瑗在苏州郡学和湖州州学任教期间所形成的教育教学经验,"庆历兴学"时被范仲淹所赞赏并推行于太学改革中。其核心是分斋教学。此题正确。

32. 解析： 本题考查的是学校教学方法的改革试验。清末以来，西方教学法开始传入中国，最为流行的是赫尔巴特的"五段教学法"。20世纪20年代初，各种教学法相继传入中国。其中，设计教学法和道尔顿制对我国中小学的教学影响最大。此题错误。

33. 解析： 本题考查西欧中世纪的教育。西欧中世纪的教育呈现出强烈的基督教神学色彩，基督教神学体系逐步完善，宗教组织结构日益健全，建立了专门的宗教教育机构。此题正确。

34. 解析： 本题考查中世纪大学的概念。最初中世纪大学是指一种自治性的教授和学习中心，是一种学者行会。此题正确。

35. 解析： 本题考查外国古代教育家及其思想理论。柏拉图的代表作《理想国》是一部讨论政治和教育的著作，也是欧洲历史上第一部空想社会主义著作，和卢梭的《爱弥儿》、杜威的《民主主义与教育》一起被称为3个里程碑。此题正确。

36. 解析： 本题考查教师的职业角色特征。教师的职业角色是指教师在教育系统内的身份、地位、职责及相应的行为模式。其最大的特征是角色是多重的、不断变化和创新的。此题正确。

37. 解析： 本题考查课程实施的基本取向。课程实施的忠实取向是指完全认同课程计划，在课程实施中应当"忠实"地按课程计划进行。这是衡量课程实施成功与否的基本标准。此题正确。

38. 解析： 本题考查我国与教育相关的法律法规。《中华人民共和国教师法》是我国教育史上第一部关于教师的单行法律。它的制定和颁布，体现了党和国家对人民教师的重视，有利于提高教师的社会地位，保障教师的合法权益，使教师成为受人尊重的职业；有利于加强教师队伍的建设，造就一批高素质的教师队伍，促进社会主义教育事业的发展。此题正确。

39. 解析： 本题考查强化动机理论。强化动机理论认为行为的动力来自强化，强化有正负强化之分，它们都会提高行为反应未来出现的可能性，一般来说，强化起到增强学习动机的作用，而惩罚则相反。此题正确。

40. 解析： 本题考查情绪的含义。情绪是一种精神活动。它并非人类独有，动物也可以有，但是两者的情绪机理有所不同。此题正确。

41. 解析： 本题考查传统智力理论。传统智力理论关注的是构成智力的成分和要素，代表理论包括二因素论、多因素论、群因素论、智力的三维结构理论、层次结构理论、晶体智力理论和流体智力理论等。此题正确。

42. 解析： 本题考查的是智力发展的一般规律。研究表明，人类的智力并非匀速增长，儿童大脑发育的两个加速期是5~6岁和13~14岁。不同性质的智力，在衰退程度上有所不同。例如，操作能力、手眼协调能力等大致从33岁开始衰退，到65岁衰退的速度加快；

而写作能力则在 65 岁后才开始衰退。受教育程度和智力水平较高的人，他们的智力衰退年龄会推迟，衰退速度也较缓慢。此题正确。

43．解析： 本题考查科学运用智力测验。智力测验需要专业人士进行规范操作，非专业人士的不规范操作会影响测验结果。此题错误。

44．解析： 本题考查建立教师威信建立的途径。教师威信的建立是一个复杂的过程，涉及多种因素的共同作用，教师本身的条件对教师威信的建立起决定性作用。教师可以通过以下途径建立威信：培养自身良好的道德品质；培养良好的认知能力和性格特征；注重良好仪表、风度和行为习惯的养成；给学生留下良好的第一印象；做学生的朋友和知己。此题正确。

45．解析： 本题考查心理健康状态的相对性。心理健康是一个相对的心理状态。偶尔出现的不健康心理和行为并不等同于心理不健康，更不等同于患有心理疾病。此题错误。

三、填空题（每小题 2 分，共 30 分）

46．福建船政学堂

解析： 本题考查洋务学堂。福建船政学堂又称"求是堂艺局""福州船政学堂"，是福建船政局的组成部门，是延续时间最长的洋务学堂，也是我国近代第一所培养海军人才的学校，其为中国海军输送了第一代舰战指挥和驾驶人才，是中国近代海军的摇篮。

47．剑桥

解析： 本题考查 17 世纪至 19 世纪英国高等教育的发展。19 世纪以前，整个英国的高等教育仍然以牛津和剑桥为主。

48．升学

解析： 本题考查基础教育与职业教育的综合化。以基础知识为主要教学内容的普通教育，其主要目标是升学。而职业教育的主要目标是就业，它的主要教学内容是从事某种职业或生产劳动所需的知识和技能。

49．公正团体法

解析： 本题考查认知模式，难度中等。柯尔伯格认为发展道德判断水平的重要条件是要让儿童面临由道德困境引发的道德冲突，并产生一定的道德行为选择。因为只有儿童参与社会活动和道德行为，才能进行切实的道德判断，才能获得道德发展。为促进儿童道德和学校道德教育的发展，柯尔伯格提出了道德讨论法和公正团体法两种方法。

50．美育

解析： 本题考查美育的内涵。作为全面发展教育的重要组成部分，美育具有不同于智育、德育、体育和劳动技术教育的独特性：一是美育的形象性；二是美育的情感性；三是美育化人的渗透性。

51．学科的发展

解析：本题考查课程目标的基本来源。课程目标的基本来源有 3 个方面：学习者的需要、当代社会生活的需求、学科的发展。这 3 个方面还发展成课程开发的基本维度。

52．民主型

解析：本题考查师生关系的类型。在现实的教学实践中，基本的师生关系体现为放任型、专制型、民主型 3 种模式。不同类型的师生关系会产生不同的教育结果。

53．杜威

解析：本题考查生成性目标的含义。生成性目标是在教育情景中随着教育过程的展开而自然生成的课程目标，该目标取向的代表人物是杜威。

54．调查法

解析：本题考查了解和研究学生的方法。班主任了解和研究学生的方法包括观察法、谈话法、材料分析法、调查法。

55．饱和度

解析：本题考查视觉的相关知识，难度中等。颜色具有 3 个基本特征，即色调、明度和饱和度。

56．有意后注意

解析：本题考查注意的种类。注意分为无意注意、有意注意和有意后注意。

57．生理需要

解析：本题考查马斯洛的需要层次理论。生理需要是维持个体与种族延续的需要，它是一切需要产生的基础，是最基本、最有力量的需要。

58．期望

解析：本题考查成就动机理论。动机水平是个体追求成就的稳定特质；期望是个体基于以往经验，对能否成功的主观判断；诱因是成功时获得的满足感。

59．资源条件

解析：本题考查影响挫折力的因素。心理学家认为，一个人承受挫折的能力受到许多因素的影响，主要有体质因素、思想境界、性格特质、生活阅历、资源条件。

60．认知改组

解析：本题考查认知改组的含义。重新解释挫折情景，改变受挫主体对挫折情景的认识评价，从而改变挫折体验，称为认知改组。

四、名词解释（每小题 4 分，共 20 分）

61. 解析： 本题考查教育目的的内涵。

广义的教育目的是指所有群体或个人把受教育者培养成什么样的人的期待和要求，而狭义的教育目的是指国家对培养什么样的人的总体期待。

62. 解析： 本题考查智育的内涵。

智育是教育全面发展的重要组成部分，是传授知识、技能，发展智力、能力，培养创新精神的重要途径。

63. 解析： 本题考查课程目标的含义。

课程目标是指课程本身要实现的具体目标和意图，是受教育者通过学习某一课程之后，在品德、智力、体质等方面期望实现的程度。

64. 解析： 本题考查超感知觉的含义。

超感知觉是指人类脱离了感觉器官而产生知觉的现象，主要包括传心术、意识搬运等。超感知觉迄今为止未能得到有效证明。

65. 解析： 本题考查心理效应的含义。

心理效应是指在认知过程中，个体受到特定社会心理现象、心理规律的影响，形成对人和事的反应。

五、辨析题（每小题 20 分，共 40 分）

66. 解析： 本题考查终身学习的意义。上述观点不准确。

终身学习是教师在处理其与自身发展的关系时所应遵循的原则要求。（5 分）

教师与自身的发展，也属于教师与自己的关系范畴。但是，强调教师自身的发展不仅意味着教师在教育活动中要把学生作为一种发展对象来看待，也要把自己作为一种发展对象来看待。（5 分）

教师的自身发展，也是教师职业行为调节的对象。这是在终身学习的社会中发生的关系。（4 分）

《中小学教师职业道德规范》中关于"终身学习"方面所规定的具体职业行为要求包括：一是崇尚科学精神，树立终身学习理念，拓宽知识视野，更新知识结构；（3 分）二是潜心钻研业务，勇于探索创新，不断提高专业素养和教育教学水平。（3 分）

67. 解析： 本题考查发展心理学与认知心理学的含义。上述观点不准确。

发展心理学是一门研究个体毕生心理发展的学科。（5 分）它揭示个体在不同年龄时的

心理特征，以及这些特征如何影响个体的成长。（5分）

认识心理学研究人的认知过程，如思维、问题解决、决策、解决问题等。（5）认知心理学家认为，认知是人行为的心理基础，是一种在输入与输出之间进行信息加工的内部心理过程。（5分）

六、简答题（每小题10分，共50分）

68. **解析**：本题考查赫尔巴特的教育思想。

答案要点：

赫尔巴特是德国著名教育家，被称为"现代教育学之父""科学教育学的奠基人"。（2分）其代表作《普通教育学》的出版，标志着教育学成为一门独立的学科，也标志着规范教育学的建立。（3分）

赫尔巴特强调系统知识的传授，强调课堂教学的作用，强调教材的重要性，强调教师的权威作用和中心地位，（2分）形成了传统教育课堂中心、教材中心、教师中心的特点，被看作是传统教育理论的代表。（3分）

69. **解析**：本题考查我国教育目的的基本要求。

答案要点：

坚持人才培养的社会主义性质。（2分）

培养德、智、体、美、劳全面发展的人才。（3分）

应将教育与实践紧密联系起来。（2分）

立德树人是21世纪我国教育的根本任务和素质教育的中心工作。（3分）

70. **解析**：本题考查运用练习法的基本要求。

答案要点：

教师要明确练习的目的与要求。（2分）

教师要做到精选设计练习，分量适当。（2分）

练习的方式要灵活多样。（2分）

教师要重视练习结果的反馈。（2分）

71. **解析**：本题考查思维的类型。（2分）

答案要点：

按照依据的过程和事物及思维形态的不同，思维可分为动作思维、形象思维和抽象思

维。(4分)

根据思维时是否遵循明确的逻辑形式或规则,思维可分为形式逻辑思维和非形式逻辑思维。(3分)

按照思考研究对象的方向不同,思维可分为集中思维与分散思维。(3分)

72.解析:本题考查情商的特征。

答案要点:

情绪的自我觉察。它是指由内省听见的"内心声音"。(2分)

情绪的塑造。它是指如何处理自己情绪的力量。(2分)

生产性地利用情绪。它是指能从内心激发出热情和专注的智慧。(2分)

角色交换。它是指能为别人设身处地着想的智慧。(2分)

处理社会关系的智慧。(2分)

七、论述题(每小题20分,共20分)

73.解析:本题考查教育与文化的关系。

答案要点:

文化是人类创造的产物。人类的文化一旦被创造,就成为外在于人的客观存在。同样是人类创造的产物,教育与文化具有相互依存、相互制约的关系,文化对教育既有推进作用又有阻碍作用。(5分)

文化对教育的影响如下。

第一,文化知识制约教育的内容和水平。(2分)

第二,教育环境和教育模式受文化模式的制约。(2分)

第三,文化传统制约教育的传统和变革。(3分)

教育对文化的作用如下。

教育具有文化传承功能。(2分)

教育具有文化选择功能。(2分)

教育具有文化融合功能。(2分)

教育具有文化创造功能。(2分)

八、材料分析题（共50分）

74. 解析： 本题考查我国与教育相关的法律法规及教师的职业道德。《中华人民共和国义务教育法》对教师、学生所行使的权利，须履行的义务都做了明确规定，教师具有遵纪守法、履行教育教学职责、对学生进行思想政治教育、爱护尊重学生、维护学生合法权益、提高义务水平等义务，同时教师须遵守爱国守法、爱岗敬业、关爱学生、教书育人、为人师表、终身学习等职业道德规范。考生可运用这些理论对材料进行分析作答。

答案要点：

（1）对于现象一，张老师让迟到的学生在走廊罚站，此做法违反《中华人民共和国义务教育法》第二十九条。教师应尊重学生人格，不得体罚、变相体罚或侮辱学生，不得侵犯其合法权益。（4分）张老师需增强教育法律意识与法制观念，提升依法解决问题的能力。（4分）

（2）在现象二中，张老师处理男同学不肯完成书面作业的方式不当。对学生课堂问题行为，适当惩罚有必要，但要明确目的、及时施行、强度恰当、基于爱与尊重，按规范程序并结合说理。（4分）张老师的做法易致学生产生怨恨，应强化良好行为控制问题，选用有效方法及时终止问题，如幽默、表扬、提醒等。（4分）

（3）在现象三中，当学生犯错时，张老师就立刻通知家长且只说不足，违反了爱国守法、关爱学生、教书育人的职业道德规范。（8分）张老师应多接触研究学生，找准原因，耐心引导，关爱全体学生，尊重平等对待，严慈相济。（8分）

（4）对于现象四，张老师处理学生在课堂上看课外书的方法，如没收、批评、撕毁、公开检查、严惩等均不正确。（8分）作为教师，应避免学生产生怨恨，强化良好行为，选有效方法及时终止问题，如暗示制止。（6分）张老师通知家长的方式不当，未处理好家校关系，违反为人师表的职业道德规范。家校联系应避免告状，先肯定优点，再通过多种途径加强联系教育学生。（4分）

（言之有理可酌情给分）